Matthias Domaschk

und der Jenaer Widerstand

Ein Buch von Freya Klier

Vorwort 1

Politischen Widerstand gab es nach dem Mauerbau
in allen Teilen der DDR - immer wieder fanden Frauen und
Männer den Mut, aufzubegehren gegen staatliche Lüge und Unterdrückung.

Doch nirgendwo war der Protest von einer solchen Dauer...
wurde er von einer so großen Zahl junger Menschen getragen
wie in der thüringischen Universitätsstadt Jena.
Seine Hochphase zeigte sich zwischen 1973 und 1983.
Es waren Studenten und junge Arbeiter, die zunächst ein
selbstbestimmtes Leben einforderten, Schüler und Lehrlinge.
Sie hatten so harmlose Spitznamen wie
Gag, *Matz* oder *Blase*, *Hopser* und *Früchtchen*, *Holzi*, *Goofy*, *Bohne...*

Die Harmlosigkeit täuschte, denn ihr Widerstand wuchs
und wurde immer politischer.
Er hallte bald schon über die Grenzen Thüringens ...
und drang durch die Mauern der abgeschotteten DDR.

Wieviele waren es – zweihundert... vierhundert oder mehr?
Die ersten Jenaer Oppositionellen wurden ins Exil gedrängt,
die nächsten waren schon da.
Manche blieben am anonymen Rand, andere mischten an
zentraler Stelle mit, setzten moralische und politische Maßstäbe.
Nicht wenige der jungen Leute fanden sich irgendwann
im Gefängnis wieder.

Und einer kehrte von dort nicht zurück: Matthias Domaschk.
Ihm, der 1981 in Stasi-Haft unter mysteriösen Umständen zu Tode kam,
gebührt in diesem Buch ein besonderer Platz.

Cornelia Laske * Lutz Leibner * Petra Leibner * Gerd Lehmann * Gotthard Lemke * Doris Liebermann* Bernd Markowsky * Doris Mester * Walfred Meier * Norbert Mildner * Petra Möhl * Harald Möller * Kay Möller * Martin Morgner * Peter Mühlfriedel * Eckhard Müller * Katrin Müller * Wolfgang Müller * Till Noack * Gero Nosper * Carsten Osse * Kay Osterloh * Michael Osterwald * Max Pachaly * Ines Petersdorf * Maja Petersdorf * Karin Petzold * Karin Pforte * Rolf Pforte * Henning Pietzsch * Christina Poneleit * Michael Poneleit * Uwe Prast * Detlef Pump * Heike Putensen * Lutz Rathenow * Lutz Reimer * Christine Reiprich * Siegfried Reiprich * Andreas Richter * Franziska Rohner * Kathrin Rohnstock * Peter Rösch * Dorothea Rost * Michael Rost * Eve Rub * Frank Rub * Angelika Rublack * Karl-Heinz Schaaf * Marianne Schäfer * Roland Schamroth * Udo Scheer * Torsten Schein * Marianne Schlutter * Ulrich Schlutter * Conny Schmidt * Ronald Schnabel * Friedrich Schneider * Heike Scholz * Ingrid Schröder * Susann Schulze * Christine Schulze * Jan Seifert * Klaus Seiler * Klaus-Dieter Siegel * Uwe Sinnig * Gabriele Sorge * Annette Simon * Gerd Sonntag * Marianne Stanescu * Peter Starke * Uwe Stiem * Michael Stokelbusch * Horst Strohbach * Rüdiger Studanski * Bodo Sturhann * Bernd Tetzner * Christine Thiele * Jutta Tomaszewski * Uta Trillhase * Michael Tuch * Kirsten Uhrlau * Annette Urban * Peter Veit * Katharina Vogt * Ralf Vogt * Lothar Vollmann * Gert Wandrer * Gerd Wagner * Peter Weber * Dietman Weinberg * Norbert Weinz * Olaf Weißbach * Cornelia Weizmann * Frank Wendler * Klaus-Peter Wenzel * Ines Whrel * Reinhard Wulfert * Ralf Zeitschel * Jörg Zickler * Stefan Ziegan * Harry Zöller * Gudrun Zöllner *

Unser besonderer Dank gilt allen,
die zum Entstehen dieses Buches beigetragen haben

POLYMATHES
VERLAG

2. unveränderte Auflage | Leipzig 2011

Polymathes Verlag
www.polymathes-verlag.de

ISBN 978-3-942657-02-0

Layout und Bildbearbeitung von Nadja Klier

Matthias Domaschk

INHALTSVERZEICHNIS

DIESE ANGST

Auf halber Zeile:

Dass mein Stift

Zerbricht

Bevor alles gesagt

Und

Wer hört mich

Wenn ich schweige

Dieses Gedicht von
Jürgen Fuchs
hat Matz Domaschk
immer wieder zitiert

Roland Jahn

Siegfried Reiprich

Doris Liebermann

Vorwort 2

Der Jenaer Widerstand hatte so viele Facetten, wie Menschen an ihm beteiligt waren. Die Bilder der 70-er und 80-er Jahre berühren und überschneiden sich – auch bei den Freunden von Matthias Domaschk, die hier noch einmal zu Wort kommen.

Peter Rösch

Renate Groß

* 1961	Abriegelung der Grenzen zu West-Berlin am 13. August 1961 (Bau der Mauer), um die Massenflucht zu stoppen – seit Gründung der DDR haben 2,7 Millionen Menschen dem SED-Staat den Rücken gekehrt Der sozialistische Jugendverband FDJ beschließt mit der Parole „*Das Vaterland ruft! Schützt die sozialistische Republik!*" ein Aufgebot, um Jugendliche zum freiwilligen Dienst an der Waffe zu ermuntern
* 1962	Gesetz über die allgemeine Wehrpflicht
* 1963	Jugendkommuniqué, das Fleiß, Disziplin und Ordnung einfordert, sich aber zugleich auch jugendorientiert gibt
* 1964	Ein Gesetz über die „*Teilnahme der Jugend der Deutschen Demokratischen Republik am Kampf um den umfassenden Aufbau des Sozialismus...*" wird erlassen Neue Lehrpläne für den Staatsbürgerkunde-Unterricht in den Klassen 9-12 sollen die Schüler systematisch an den Marxismus-Leninismus heranführen
* 1965	Auf einem sogenannten „Kahlschlagplenum" greift das Zentralkomitee der SED kritische Künstler, Oppositionelle und die Beatmusik scharf an
* 1966	Die Staatsführung der DDR kündigt ein längeres Nebeneinander der beiden deutschen Staaten an
* 1967	Gesetz über eine eigene Staatsbürgerschaft. „*Nur in der DDR, wo die Fahne des siegreichen Sozialismus weht, ist die deutsche Zukunft in festen Händen*", betont die SED anläßlich des 900-jährigen Jubiläums der Wartburg
* 1968	Im August Einmarsch der Truppen des Warschauer Paktes in die CSSR zur Niederschlagung des „Prager Frühlings"
* 1969	Die SED-Führung fordert die völkerrechtliche Anerkennung der DDR
* 1970	Bundeskanzler Willy Brandt und DDR-Ministerpräsident Willi Stoph treffen in Erfurt zu Gesprächen zusammen

Betriebskampfgruppen nach dem Mauerbau

DIE 60-ER JAHRE - KAMPF GEGEN DEN BEAT

In der DDR wird der *Neue Sozialistische Mensch* geschmiedet – durch eine Erziehung, die Kinder und Jugendliche in der Totale erfassen will. Das gelingt so richtig erst nach dem Mauerbau, weil da kaum noch jemand fliehen kann.

Im Jugend-Kommuniqué von 1963 erteilt die herrschende Partei der Jugend den patriotischen Jahrhundertauftrag:

„Das neue, sozialistische Zeitalter verlangt von der Jugend der DDR kühnere Pioniertaten, einen größeren Pioniergeist, als die Entdeckung Amerikas verlangt hat. Es garantiert der Jugend aber auch weit größere und viel mehr echte Freiheiten, als sie die deutsche Jugend jemals besaß.
Die Jugend der DDR steht vor der geschichtlichen Aufgabe, freiwillig und vereint schaffend sowie gestützt auf die Erfahrungen der älteren Generation eine höhere Arbeitsproduktivität als im Kapitalismus zu erringen.“

Freiwillig? Die Arbeitsproduktivität lahmt. Den jungen Leuten – von der Welt plötzlich durch Mauer und Stacheldraht abgeschnitten – fehlt es in der Breite an Motivation. Und außerdem Freiheit - wo herrscht hier Freiheit?
Um Staatstreue und Arbeitsfleiß anzuheben, entwickeln die Funktionäre ein Freizeitprogramm mit Sport, Wandern, Theater und Wohngebietsfest – nicht eine Stunde soll dem Klassengegner überlassen bleiben! Der lauert hinter der Mauer und lockt bereits mit Beatmusik - die ersten DDR-Jugendlichen sind infiziert und wippen mit.

Nicht lange, da schwappt die ganze Beat-Welle in den Osten: Ab 1963 gründen sich spontan Hunderte von kleinen Beat-Gruppen.
Sie ziehen Fans hinter sich her – es entsteht das, was für die herrschenden Sozialisten der Horror schlechthin ist: eine Beat- und Tramper-Generation.
Zunächst versucht man, die Lebensfreude zu kanalisieren: Eine Singebewegung der Parteijugend FDJ wird gegründet , im DDR-Rundfunk eine spezielle Jugendsendung eingerichtet.
Zeitgleich und immer rigoroser gehen die Sozialisten gegen westorientierte Jugendliche vor – *Rowdys* und *Gammler*, wie sie sie nennen.
1965 wird der Beat offiziell zur „westlichen Unmoral“ erklärt; die FDJ-Zeitung *Junge Welt* rückt Beatanhänger in die Nähe der Hitler-Jugend. *Gammler* gelten von nun an als Staatsfeinde und Kriminelle, und so werden sie auch behandelt:

Polizei-Friseure sowie stramme Lehrer und Schulhausmeister zwingen Jugendliche mit längeren Haaren in die genormte Kurzhaar-Frisur zurück. Kulturminister Klaus Gysi läßt alle Amateurbands überprüfen – mit dem Ergebnis, daß der überwiegende Teil von ihnen verboten wird.
Nach den Ausschreitungen bei einem Konzert der *Rolling Stones* auf der West-Berliner Waldbühne im September 1965 wird vor allem im eingemauerten Osten aufgeräumt: Zu *Rowdys* erklärte Beat-Fans werden festgenommen, etliche finden sich zur Abschreckung im Braunkohle-Tagebau wieder.

Doch mit diesen Schikanen wird der Widerstand erst richtig politisch:
Als sich in der Innenstadt von Leipzig im Oktober 1965 etwa 500 Jugendliche versammeln, um gegen das faktische Verbot des Beat zu protestieren, wird etwa die Hälfte von ihnen verhaftet, manche finden sich in Arbeitslagern wieder, andere fliegen vom Gymnasium .*
„Unsere Deutsche Demokratische Republik ist ein sauberer Staat. In ihr gibt es unverrückbare Maßstäbe der Ethik und Moral, für Anstand und gute Sitte“ läßt Jugendfunktionär Erich Honecker die aufmüpfigen Jugendlichen wissen.

* DDR-kritische Versammlungen und Demonstrationen waren über die gesamten 40 Jahre DDR verboten.

Hemmungslos, aufgepeitscht, ungewaschen ... – Anfänge, denen wir wehren wollen

Szenen und Akteure, wie man sie unlängst in Leipzig sehen konnte: Die „Guitar Men“ und ihr Publikum.

Auszug aus der Leipziger Volkszeitung vom 20.Oktober 1965

1961-1970

Im Jahrzehnt nach dem Mauerbau sind die späteren Jenaer Akteure meist noch Kinder. Sie besuchen die Schule und Pioniernachmittage. Roland Jahn geht in eine Klasse mit erweitertem Russisch-Unterricht, Matthias Domaschk turnt noch auf den Klettergerüsten im fernen Görlitz. Und wessen Eltern bereits einen Fernseher besitzen, der kann sich schöne russische oder tschechische Märchen anschauen - bei Meister Nadelöhr, einer beliebten Kindersendung.

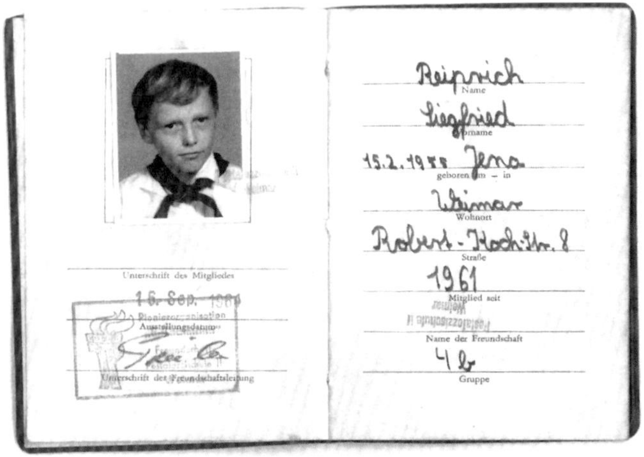

Pionierausweis von Siegfried Reiprich, 1964

Matthias Domaschk während einer Segelbootfahrt mit den Eltern, im Sommer 1968

Schulklasse von Roland Jahn, 1966

Roland Jahn beim Fußballspielen, 1965

DER PRAGER FRÜHLING

Nach der Wahl des Reformkommunisten Alexander Dubček zum Parteichef im Januar 1968 werden in der Tschechoslowakischen Republik (CSSR) sofort politische und wirtschaftliche Reformen eingeleitet. Gewerkschaften und Kulturorganisationen erhalten mehr Autonomie, die Zensur wird aufgehoben.
Den von Dubček propagierten „Sozialismus mit menschlichem Antlitz“ sehen viele Reformkommunisten Osteuropas als Beweis für die Möglichkeit eines Dritten Weges, wonach individuelle Freiheiten auch im Kommunismus gewährt werden könnten. Auch in der DDR zieht die Hoffnung ein, Sozialismus und Freiheit könnten doch miteinander vereinbar... Demokratie im Sozialismus möglich sein.

Schon im August 1968 findet dieser Traum ein blutiges Ende. Die sowjetischen Machthaber nehmen die demokratische Entwicklung nicht hin und beenden den "Prager Frühling" mit Waffengewalt: Die Truppen des Warschauer Paktes marschieren in die CSSR ein, um die „Konterrevolution“ niederzuschlagen. Der über Wochen anhaltende verzweifelte Widerstand der tschechischen Bevölkerung wird brutal erstickt.
Zwei Divisionen der DDR-Armee NVA stehen an der Grenze zum Einsatz bereit. Und plötzlich wagen einige den Widerstand: Ein Oberstleutnant protestiert gegen den Einmarsch, vier Offiziere schließen sich an und etliche Soldaten geben ihre Weigerung bekannt, als deutsche Soldaten noch einmal einen Fuß auf tschechischen Boden zu setzen.

Die SED, die stets befürchtete, der tschechische Funke könnte auf die DDR überspringen, verteidigt vehement die Niederschlagung des Prager Frühlings. Sympathisanten der Reformbewegung werden nun zur Verantwortung gezogen: Militärgerichte verurteilen 20 NVA-Angehörige wegen „staatsfeindlicher Hetze“ gegen den Einmarsch zu mehrjährigen Haftstrafen, SED-Parteikontrollkommissionen verhängen 94 Partei-Bestrafungen. Lehrer werden entlassen oder strafversetzt, Studenten fliegen von der Uni und Hunderte junger Leute werden verhaftet, weil sie sich mit den tschechischen Reformern solidarisiert haben.

"Prager Frühling", Kundgebung am Wenzelsplatz

OBODA-DUBČEK-ČER

Die Niederschlagung des "Prager Frühlings" löst in der DDR eine heftige Erschütterung bei denen aus, die auch auf eine Demokratisierung des eigenen Landes gehofft hatten.

Und die Jenaer, die wenige Jahre später schon selbst um Demokratie ringen werden – was kriegen sie von dem ganzen Geschehen mit?
Fast alle sind im August 1968 noch Schüler, sie haben Sommerferien: Matthias Domaschk, 11 Jahre alt, geht mit seinen Eltern segeln. Deren aufgeregte Gespräche entgehen ihm nicht - doch weiß er wirklich, worum es geht?

Siegfried Reiprich ist 13 ½ Jahre alt:
„Meine Eltern hatten gerade den heiß ersehnten und bitter ersparten Trabi bekommen. Wir fuhren also im Frühjahr 1968 nach Dresden, und von dort ging es das Elbtal hoch in die CSSR. Da lag was in der Luft, das konnte man spüren! Langhaarige Jungs bretterten mit kurzberockten Mädchen auf Java-Motorrädern durch die Kurven. An diesem Tag durfte ich mein erstes Bier trinken – Tschechenbier.
Am Vorabend des 21. August kam dann mein Vater – er war Direktor der Ernst-Abbé – Bücherei in Jena – mit düsterer Miene und Wut im Bauch heim. Denn nun wurden die höheren SED-Genossen darauf vorbereitet, daß dem ´Spuk in der CSSR´ ein Ende gemacht würde...“

Doris Liebermann, ein Jahr älter als Siegfried Reiprich, befindet sich im August 1968 zum ersten Mal in ihrem Leben in einem Ferienlager, tief im Thüringer Wald:
„Ich erinnere mich, wie ein Betreuer – wohl selbst noch Schüler, aber etwas älter – vom Einmarsch der Russen in die Tschechoslowakei erzählte und ich eine Wahnsinnsangst kriegte, daß jetzt ein Weltkrieg ausbrechen könnte!
Er sagte das fast hinter vorgehaltener Hand, denn offiziell erfuhren wir ja überhaupt nicht, was passiert war. Radios gab es dort nicht.
Als ich aus dem Ferienlager zurück kam, war die Tschechoslowakei schon wieder fest in ´Bruderhand´...“

Der "Prager Frühling" wird blutig niedergesch

„Im August 1968", so erinnert sich Roland Jahn, *„war ich 15 Jahre alt. Wir waren mit unserer Schulklasse gerade in Potsdam, in einem Zeltlager. Und da sie bei der DEFA, also auf dem Filmgelände in Babelsberg, für einen Film ein paar jüngere Statisten brauchten, haben sie uns Jenaer Jungs gefragt, ob wir mitmachen. Natürlich jaben wir ´Ja´ gesagt, das war ja eine spannende Erfahrung.*
Kurz: Als das in Prag passierte, habe ich in Potsdam gerade einen Hitlerjungen gespielt. Der Film hieß passenderweise ´Die Russen kommen! ´, der ist aber dann nie aufgeführt worden.
Zurück von der Klassenfahrt habe ich dann im Westfernsehen all die Bilder gesehen – von Panzern, dem Widerstand, den Erschossenen, dem Schicksal von Dubček... Das hat mich schon sehr bewegt!"

Auch Peter Rösch ist 15 Jahre alt. Und er reist gerade durch die ´sozialistischen Bruderländer´, wie es im Parteijargon heißt. Doch als er durch die Tschechoslowakei in die DDR zurück trampt, ist der "Prager Frühling" bereits niedergeschlagen.
Ein paar Wochen lang hatte Rösch Kartoffeln in einem Gemüseladen in Jena verkauft – zum Stundenlohn von 1 Mark – um das Reisegeld zusammenzukriegen. Eine schriftliche Erlaubnis seiner Mutter in der Tasche, brach der noch Minderjährige schließlich nach Polen und Ungarn auf, allein. Er trampte nach Zakopane und traf dort zum ersten Mal auf einen Menschen mit eintätowierter Auschwitz-Nummer: *„Es war eine Frau, die mit ihrem Mann in Zakopane lebte. Sie lud mich deutschen Jugendlichen in ihr Haus ein, ich durfte dort ein paar Tage übernachten, es war ein Blockhaus mit dicken Baumstämmen. Ich habe täglich Milchsuppe bekommen und eine große Portion menschlicher Wärme. Ihr Mann – die beiden hatten sich im KZ kennengelernt – nahm mich mit in die Berge, Zakopane liegt ja inmitten einer herrlichen Landschaft..."*

Russische Panzer sind in Prag eingerollt

Diese Reise ist für den jungen Jenaer eine unerwartete, aber knüppelharte Konfrontation mit deutscher Geschichte.
Und es ist der Beginn seiner Liebe zu Polen – einer Liebe, die ein Leben lang halten... und die sich auch auf seinen Freund Matthias Domaschk übertragen wird.

JENA

Das thüringische Jena, am Mittellauf der Saale gelegen und malerisch eingebettet in Muschelkalkberge, ist eine traditionsreiche Universitätsstadt. Bis ins 16. Jahrhundert reicht ihr Ruf zurück, als die *Alma Mater Jenensis* gegründet wurde, die Jena zu einem der berühmtesten Studienorte in Deutschland machte.
Seitdem löste eine geschichtsträchtige Epoche die nächste ab: Ende des 17. Jahrhunderts galt Jena bereits als eines der bedeutendsten europäischen Geisteszentren – es verband sich mit den Namen Goethe und Schiller, Fichte und Hegel, Feuerbach und Schelling, mit den Frühromantikern. Vor den Toren Jenas unterlagen die Preußen den Truppen Napoleons und im Gasthaus „Grüne Tanne" gründeten sich 1815 die Urburschenschaften.

Pioniergeist bewies Jena auch in der Wissenschaft: 1846 gründete hier Carl Zeiss die feinmechanisch-optische Werkstatt, die schon bald neben der Friedrich-Schiller-Universität das Gesicht Jenas prägte. Der Physiker Ernst Abbe stiess später dazu, verband Wissenschaft und Technik im optischen Instrumentebau und schuf mit der Carl-Zeiss-Stiftung 1889 eine bis dahin einmalige soziale Absicherung für die Mitarbeiter. Gegen Ende des 19.Jh. gründete Schott das erste Glastechnische Laboratorium.

Im 2.Weltkrieg wurde Jena schwer zerstört, 1948 die berühmte Zeiss-Stiftung von den Kommunisten enteignet. Am Volksaufstand gegen das SED-Regime am 17.Juni 1953 protestierten mehr als 20 000 Jenaer Bürger, darunter die meisten Arbeiter von Zeiss und Schott.
1970 nun wird – nachdem man große Teile des im Krieg zerstörten Stadtkerns abgerissen hat – der Bau des Universitätshochhauses abgeschlossen. Es bestimmt von nun an das Stadtbild Jenas mit.

Blick auf Jena mit Universitätshochaus

1970

Carl Zeiss - Südwerk,Werkbanksaal der Lehrwerkstatt

Beim Carl- Zeiss- Kombinat fängt 1970 Peter Rösch als Lehrling an. Er hat die 10.Klasse beendet und die Nase voll von Schule. Also beschließt er, ein Jahr lang nichts anderes zu tun als zu lesen – sein absolutes Lieblingshobby:
„Ich sah mich bereits auf einer schönen Wiese sitzen, ein Buch auf den Knien... Da ging aber meine Mutter auf die Barrikaden: Koch sollte ich lernen, in Weimar, und zwar im berühmtesten Hotel der Stadt, im Elephanten. Ich habe mal kurz überschlagen, daß ich dort genau dann in der Küche stehen würde, wenn alle meine Freunde frei haben – nämlich am Wochenende! Koch in Weimar schied also aus – ich begann Feinmechaniker zu lernen, bei Carl Zeiss. Zeiss entwickelte zu dieser Zeit das größte Ausbildungszentrum für Lehrlinge in Europa: Ich gehörte zu den ersten Lehrlingen, aber bald wurden dort 6000 Lehrlinge pro Jahr ausgebildet.

Es war ein gigantisches Programm:
Drei große Berufsschulen wurden nebeneinander errichtet, die Lehrlinge kamen jetzt aus der ganzen DDR.
Da sprang natürlich eine Menge Jugendlicher herum – Lehrlinge für Feinmechanik, Werkzeugmacher oder Zerspaner, und jede Gruppe hatte ihre eigene Berufsschule. Die Maschinenhalle hatte mit 600 m Länge regelrecht Sowjet-Format...“

Peter Rösch in der Jenaer Szene

Und noch einer fängt 1970 bei Carl Zeiss an – Gerhard Domaschk, der Vater von Matthias. Er ist Ingenieur für Feinwerktechnik und Optik und hat ein Angebot angenommen, im Forschungszentrum von Carl Zeiss Jena Hauptabteilungsleiter zu werden. Also wechselt das Ehepaar Domaschk mit seinen beiden Kindern Steffi und Matthias aus dem Lausitzer Städtchen Görlitz in die berühmte Universitätsstadt.

Matthias Domaschk mit seiner Schwester Steffi

1970

DDR - Neubaugebiet, 70-er Jahre

Ihr neues Zuhause findet die Familie in Jena-Neulobeda, einem riesigen Neubaugebiet, in dem vor allem Mitarbeiter des expandierenden Carl-Zeiss – Kombinats angesiedelt werden. Neubauwohnungen sind begehrt – sie verfügen über ein Bad und man muss keine Kohleneimer mehr schleppen. Wie alle Neubaugebiete verfügt auch Jena-Neulobeda über eigene Kaufhallen*, Schulen und Kindereinrichtungen. Durch das Plattenbau-Programm erreicht Jena 1975 eine Zahl von 100 000 Einwohnern und wird damit zur 14. „Großstadt der DDR“.

Matthias ist jetzt 13 Jahre alt. Ihm fällt das Einleben in die neue Umgebung schwer; er ist etwas schüchtern und findet anfangs kaum Freunde.

* Kaufhalle = Supermarkt

1971-1980

* 1971	In der DDR werden einheitliche Personenkennzahlen eingeführt Die sowjetische Führung setzt Walter Ulbricht als 1. Sekretär der SED ab und den flexibleren Erich Honecker an dessen Stelle 17 519 Personen haben binnen eines Jahres als Flüchtlinge oder per Ausreiseantrag die DDR verlassen Alle Veranstaltungen in Kirchenräumen ohne unmittelbar religiösen Charakter unterliegen von nun an der Anmeldepflicht
* 1972	Vertrag über die Grundlagen der Beziehungen zwischen der DDR und der Bundesrepublik Deutschland
* 1973	Die DDR wird als 133. Land in die UNO aufgenommen
* 1974	In einem Hirtenbrief * beklagen die katholischen Bischöfe der DDR, dass sich die Katholiken als ´Bürger zweiter Klasse´ behandelt fühlen In Bonn und Ost-Berlin werden Ständige Vertretungen der beiden deutschen Staaten errichtet
* 1975	Im finnischen Helsinki unterzeichnen die Staats- und Regierungschefs von 35 Staaten die Schlussakte der „Konferenz über Sicherheit und Zusammenarbeit in Europa", die den Machthabern in der DDR noch viel Kopfzerbrechen bereiten wird
* 1976	Der evangelische Pfarrer Oskar Brüsewitz verbrennt sich in Zeitz aus Protest gegen die unterdrückende kommunistische Erziehungspolitik Der Liedermacher Wolf Biermann wird zwangsausgebürgert
* 1977	Zehntausende Bürger haben einen Ausreiseantrag gestellt, um die DDR auf legalem Weg zu verlassen
* 1978	In den Schulen wird das Unterrichtsfach Wehrkunde eingeführt
* 1979	Der Staat DDR feiert seinen 30. Jahrestag
* 1980	In den evangelischen Kirchgemeinden findet die erste Friedensdekade statt; sie steht unter der Losung „Frieden schaffen ohne Waffen"

* Hirtenbrief: In der Katholischen Kirche zur Verlesung bestimmmtes Rundschreiben des Bischofs an seine Diözese

IX. Parteitag der SED, Mai 1976

EINE OFFENE KIRCHE

Schon seit Gründung der DDR im Jahr 1949 sehen sich Christen staatlicher Willkür ausgesetzt, wird die Gesellschaft mit religionsfeindlicher Propaganda überzogen. Die sozialistischen Machthaber versuchen, die lange christliche Tradition abzuschneiden und statt dessen ihre kommunistische Weltanschauung ins Bewußtsein der Bürger zu pressen. Den meisten christlichen Schülern werden Abitur und Studium verweigert, und immer wieder sehen sich Pfarrer zu Zuchthaus-Strafen verurteilt.
Die *Junge Gemeinde* – ohnehin latenter Diffamierung ausgesetzt - wird 1953 kurzerhand zur „Tarnorganisation westlicher Geheimdienste“ erklärt.

Doch existiert von Beginn an auch ein friedlicher, leidenschaftlicher Widerstand gegen die sozialistische Willkür. Er wird sich durch die gesamten 40 Jahre DDR ziehen - durch ein Land, in dem der Nationalsozialismus nur propagandistisch überwunden wurde und in dem allgegenwärtige Gesinnungsschnüffelei den freien Gedanken zu ersticken droht.

In der thüringischen Stadt Jena entwickelt sich Anfang der 70-er Jahre die *Offene Arbeit.* Eine *Junge Gemeinde* existiert bereits seit längerem – eine tapfere Gemeinschaft, die sich nicht abschrecken läßt von staatlicher Willkür, die Jugendgottesdienste und diakonische Arbeitseinsätze durchführt, die feiert und wandert - so, wie die meisten *Jungen Gemeinden* in der DDR. Doch nun kommt das Neue hinzu, an das sich auch die Kirchenoberen erst gewöhnen müssen - die *Offene Arbeit. Offenheit* steht kontrastreich zur geschlossenen DDR-Gesellschaft: Kirchtüren öffnen sich endlich für die Außenseiter. Auch jene Jugendlichen finden nun in der Kirche Aufnahme, die aus der sozialistischen Norm fallen: Langhaarige, Tramper, Beatfans... und andere Kunden. Doch das ist nur ein Teil des Spektrums - bald mischen sich Haftentlassene mit Abiturienten, Mitglieder aus der *Jungen Gemeinde* mit Rockfans, die eigentlich mit Kirche nicht viel am Hut haben. Wehrdienstverweigerer finden sich ein und der Nachwuchs aus verwahrlosten oder politisch angepassten Elternhäusern.

Marktplatz mit Stadtkirche, 1976

Neben *Offenheit* steht *Arbeit*, stehen soziale Projekte und Aktionen zur Einrichtung eines „Sozialen Friedensdienstes".

In der *Offenen Arbeit* spielt Thüringen eine Vorreiterrolle. Ihr Initiator - inzwischen schon der Vater des ganzen - ist Walter Schilling, Pfarrer in Braunsdorf, einem winzigen Bergdorf zwischen Saalfeld, Rudolstadt und Bad Blankenburg.
Schilling ist älter als die meisten Akteure einer *Offenen Kirche*, der freundliche, schnörkellose Pfarrer hat schon ein halbes Leben hinter sich. Und er kommt aus einer glaubwürdigen Tradition: Seine Eltern gehörten der *Bekennenden Kirche** an. Schon in den 1960-er Jahren prägte Walter Schilling das solidarische und widerständige Element der DDR- Kirche.

Stadtjugendwart Thomas Auerbach (re.) mit der Jenaer "Szene"

Im Flegelalter sah er sich als Jagdflieger scharfe Kurven am Himmel ziehen, doch spätestens mit 17 Jahren stand er wieder mit den Beinen auf der Erde: Pfarrer wollte er jetzt werden, so wie sein Vater. Nun durfte er aber als Pfarrerskind in der DDR nicht studieren - also ging Walter Schilling erstmal ins Ruhrgebiet und wurde Bergarbeiter... die Grenzen zum Westen waren in den 50-er Jahren ja noch nicht hermetisch zu.

* Bekennende Kirche = Bewegung innerhalb der Evangelischen Kirche Deutschlands, die seit 1934 trotz zunehmender Verfolgung den Widerstand gegen das national-sozialistische Regime aufrecht erhielt.

Thomas Auerbach und Walter Schilling auf dem Landesjugendtag bei Eisenach, 1973

Er studierte in Münster und Heidelberg Theologie, kehrte dann nach Thüringen zurück und wurde Gemeindepfarrer im kleinen Ort Braunsdorf. Gemeindepfarrer? Das war ihm zu wenig. Kaum angekommen, legte Walter Schilling los: Gemeinsam mit seiner Frau und der *Jungen Gemeinde* Rudolstadt baute er in seinem 100-Seelen-Dorf ein Rüstzeitheim – aus einem alten Stallgebäude, das ans Pfarrhaus grenzte. Schon bald wurde Braunsdorf zur Pilgerstätte für den unangepassten Nachwuchs. Aus allen Regionen der DDR kamen sie - junge Leute, die ihre Musik hören wollten, ohne dass die Polizei sie auseinander trieb. Langhaarige, die nicht gleich aufgegriffen werden wollten, wenn sie mal irgendwo herumlümmelten.
Braunsdorf wurde zu einem Ort, den es in der DDR offiziell gar nicht geben durfte: Jeder konnte kommen, ganz gleich, in welchem Outfit. Walter Schilling - bald selbst schon ein Blues- und Jazzfan mit langen Haaren – nahm sie alle auf.
Es wurde offen kommuniziert und niemand mußte Lippenbekenntnisse abgeben. In einem Land, in dem ein harscher Drill herrschte und eine hohe Selbstmordrate, wurde das abgelegene Thüringer Dorf zur Oase für drangsalierte Jugendliche.
Und landeten nicht auch atheistisch Geprägte am Ende in seinen Gottesdiensten - obwohl sich Schilling mit Missionieren zurück hielt? Es waren sein Charisma und seine große Glaubwürdigkeit, die überzeugten.

Und nun entsteht eine *Offene Arbeit* auch in Jena. 1971 - Walter Schilling hat bereits einen legendären Ruf unter jungen Theologen – beginnen der Theologiestudent Uwe Koch und der Jugend-Diakon Thomas Auerbach auch kirchliche Räume in Jena für Außenseiter zu öffnen - unterstützt von engagierten Mitgliedern der *Jungen Gemeinde.* Thomas Auerbach, ein totaler Wehrdienstverweigerer, übernimmt zugleich die Leitung der *JG* – er wird sie leiten bis zu seiner Inhaftierung und Abschiebung in den Westen.

Pfarrer Walter Schilling mit Konfirmandengruppe, 1970

Bald tauchen die ersten jungen Arbeiter und Lehrlinge aus Jenaer Großbetrieben in den kirchlichen Gemeinderäumen auf – kaum einer von ihnen hat noch eine Beziehung zur christlichen Lebenswelt. Das ändert sich, sind sie erstmal da: In einem Hinterhaus in der Johannisstraße warten ein Doppelraum mit großer Zwischentür auf sie, zwei Öfen, die selbst geheizt werden müssen, ein Klavier und zwei Dutzend Stühle. Es wird ihr Refugium. Schnell ist der Raum gefüllt, sorgen wechselnde Vorbereitungsgruppen für Brot und Schmalz, einen Kasten mit Bier und einen mit Brause.

Oft kommt Walter Schilling nach Jena herüber, um Koch und Auerbach mit seinen Erfahrungen beizustehen. Und so entsteht im Sommer 1971 die Idee, eine größere Veranstaltung zu organisieren, in der Bands, Autoren und Künstler auftreten könnten, die von der Partei nicht geduldet werden.

EINFACH - GEMEINSAM - GEWALTFREI

Ein Jahrzehnt sind die DDR-Bürger jetzt schon eingeschlossen; ein Jahrzehnt, in dem sie sich an dogmatischen Funktionären reiben. Die Rate der Jugendselbstmorde ist hoch und viele kollidieren mit einem Staat, der sie in geistige Normen zwängt. Kirche und Diakonie reagieren auf die Not junger Menschen und werden mehr und mehr zum Auffangbecken für unangepasste Jugendliche.
Auch für Nicht-kirchlich-Gebundene: Einfach leben, gemeinsam leben, gewaltfrei leben – das zieht auch Nicht-Christen an.
Im kirchlichen Raum kann man frei reden und keiner fliegt raus oder wird verhaftet, weil er offen seine Meinung sagt.
Peter Rösch kommt aus einem kommunistischen Elternhaus.
Doch ist er schon seit Monaten in der *JG* zu finden, wie die *Junge Gemeinde* abgekürzt heißt:

„Wir waren Jugendliche mit langen Haaren... Jugendliche, die vom sozialistischen System nicht angenommen wurden. Wir konnten unsere Lebensvorstellungen nicht verwirklichen, nicht einmal darüber diskutieren. Und da war auf einmal die JG, dort wurde Rockmusik abgespielt, die in der DDR verboten war, wie die Rolling Stones z.B. – auf einem steinalten Röhrentonband übrigens.
Über Themen sprachen wir, die im Sozialismus tabu waren, wie z.B. Wehrdienstverweigerung. Wir diskutierten, wie man sich gegen den Rüstungswahn wehren könnte und als Lehrling gegen die vormilitärische Ausbildung.
Was bedeutet es, in einem Land zu leben, in dem es keine Freiheit gibt, in dem dir der Staat vorschreibt, wer dein Freund sein darf und wer nicht? Darüber tauschten wir uns aus. Etliche aus unserem Freundeskreis hatten es ja bereits nicht mehr ausgehalten und sich das Leben genommen...“

Peter Rösch mit einer Freundin beim Wandern nach Cospeda

Es dauert nicht lange, da lernen die Jugendlichen um Peter Rösch das Rüstzeitheim in Braunsdorf kennen, wohin die Jenaer *JG* nun mehrmals im Jahr aufbricht:

„Walter Schilling habe ich durch Thomas Auerbach kennengelernt, der damals die JG leitete. Und der fuhr mit uns zu Walter in den Thüringer Wald. Das, was wir dort erlebten, war der Hammer! Braunsdorf war ein winziges Dorf ganz oben auf dem Berg, mit einer Windmühle und ein paar Häusern und zwei Kneipen: " Der dumme Bruno" und " Das dreckige Handtuch ". Da fragte keiner nach deinem Ausweis, wenn du ein Bier haben wolltest...

Ja, und dann gab es dort oben eine große, alte Kirche mit ´nem Friedhof und ´nem Pfarrhaus und einem Kuhstall und ´ner alten Tenne oder so mit Doppelstockbetten. Zwei Plumpsklos gab es und eine Küche mit ´ner Kochmaschine... mit der wir allerdings überhaupt nicht umgehen konnten.
Als wir dort ankamen, begrüßte uns ein großer, schlanker Mann:
Der war ein ganzes Stück älter als wir, hatte aber ebenfalls schulterlange Haare!
Und der überschüttete uns nicht, wie es üblich war, mit einem Haufen von Verboten, sondern begrüßte uns freundlich.
Außerdem rauchte er Karo, so wie wir.*

Das war Walter Schilling.

Walter Schilling (re.) bei einer Veranstaltung in Rudolstadt

* Karo = erschwingliche filterlose DDR-Zigarette

Er führte uns im Haus herum und stellte uns seine Frau Eva vor, die uns dann half, unser erstes Abendbrot zusammenzubekommen. Es war ein tolles Gefühl. Abends saßen wir alle im Kuhstall um den Kamin. Offen reden, ohne Strafe und Bespitzelung – das war eine ganz neue Erfahrung! Erzählt haben wir bis zum frühen Morgen und dazu viel Watzdorfer Bier getrunken...
Als wir zurück nach Jena fuhren, hatten wir einen kennengelernt, bei dem wir das Gefühl hatten , der interessiert sich für uns, der lehnt uns nicht ab, wie es sonst ständig passierte. Irgendwie entwickelte sich eine Freundschaft zwischen der Schilling-Familie und mir, die besteht heute noch, obwohl Walter bald 80 Jahre alt wird.

Durch Walter und die JG habe ich gelernt, was es heißt, Freunde zu haben, auch in stessigen Zeiten solidarisch miteinander zu sein, wenn zum Beispiel Freunde im Gefängnis sitzen. Dass man einander auch in den Arm nehmen kann, wenns richtig weh tut und dass es egal ist, ob einer Christ ist oder wie ich aus einem ´ Kommunistenhaushalt´ kommt. Das alles kannte ich ja gar nicht bis dahin...“

In diese Gemeinschaft wächst auch Matthias Domaschk hinein. Noch bereitet sich der 14-Jährige auf seine Konfirmation vor: Gegen ihren Ehemann, der SED-Mitglied ist, hat die Mutter durchgesetzt, dass der Junge konfirmiert wird. Matthias geht schon mal in die *Junge Gemeinde* der Kirche Jena-Altlobeda, schaut ab und an auch bei den Katholiken vorbei. So eröffnet sich auch ihm bereits eine andere Welt als die der peinlichen Pionier- und FDJ-Gelöbnisse...

Nicht alle aus dem späteren politischen Widerstand gehören 1972 zum harten Kern der Jungen Gemeinde. Roland Jahn beispielsweise macht gerade sein Abitur, danach wird er seinen Militärdienst antreten, bei der Bereitsschaftspolizei in Rudolstadt. Jahn taucht punktuell bei interessanten Veranstaltungen auf, in der Jenaer Friedenskirche oder der *JG* im Gemeindehaus Johannisstraße – man kennt sich, die Bindungen sind locker. Allerdings hat er in der Friedenskirche die Einführung des Diakons Thomas Auerbach miterlebt - das hat ihn sehr beeindruckt.

Und Walter Schilling?
Er wird schon seit den 50-er Jahren von der Stasi überwacht, inzwischen in verschiedenen Operativen Vorgängen* bearbeitet. Pfarrer Schilling wird im Jahr darauf einen Desserteur im Kirchengelände verstecken.

Roland Jahn im Jahr 1971

* Operativer Vorgang (OV)= von der Staatssicherheit angelegter Akten-Vorgang zu einer oder mehreren Personen, die überwacht und zersetzt werden sollen

Matthias Domaschk
(2.v.r.)
während seiner
Konfirmation
1972

GEHIRNWÄSCHE

Eine Generation ist herangewachsen, die nichts anderes kennengelernt hat als Sozialismus - die erste Kindergeneration der DDR! Ihr gehören die in den 1950-er Jahren Geborenen an. An ihnen lässt sich bereits ablesen, was zwei Jahrzehnte Gehirnwäsche ausmachen:
Die erste Kindergeneration der DDR kann kaum mehr etwas anderes denken als Sozialismus! Sie zweifelt an vielem... doch nicht am sozialistischen System. *´Der Sozialismus ist nicht schlecht - doch er müsste so aussehen wie im Prager Frühling´* meinen sie.
Im Kindergarten wurden sie in die propagandistische Zange genommen, in der Schule - ganz sanft zunächst, dann immer schärfer. Dass sämtliche Medien seit zwei Jahrzehnten gleichgeschaltet sind und auch sämtliche Schulbücher, hat die erwünschte Denkrichtung erzeugt.
Dabei blieben die Schwarz-Weiß-Muster immer gleich: Drüben im Westen herrschen Dekadenz und Ausbeutung, wird die Jugend brutal unterdrückt und mit Haschisch zugedröhnt. Die sozialistische Heimat dagegen ist der Hort des Friedens, der Freiheit und Demokratie.
Vor allem der Frieden diente als Schlüssel zum Herzen der Kinder. Im Kindergarten wurden die ersten Friedenslieder einstudiert, in der Grundschule den Rad-Helden bei der *Friedensfahrt* zugejubelt. Und bald schon wurde der Frieden handfest verteidigt, indem man Keulen auf Pappfiguren warf, die „westliche Kriegstreiber" darstellten.
Im Staatsbürgerkunde-Unterricht dann war die marxistisch-leninistische Weltanschauung wissenschaftlich zu begründen, denn
„Der Marxismus ist allmächtig, weil er wahr ist!"
Eine andere Weltanschauung wurde nicht toleriert.

Das Ergebnis kann sich sehen lassen. Bei denen, die ein paar Jahre älter sind, kam allerdings die Demagogie zu spät – bei Diakon Thomas Auerbach zum Beispiel, der miterlebt hat, wie seine vier älteren Geschwister vor Verzweiflung in den Westen geflohen sind.

Darstellung des Westens - Buch der sozialistischen Jugendweihe in der DDR, 1972

X. Weltfestspiele der DDR 1973, FDJ-Aufmarsch in Ost-Berlin

Wie tief verankert ist die Gehirnwäsche wirklich? Wie lange wird es dauern, bis die erste Kindergeneration der DDR in der Lage ist, das sozialistische System als undemokratisch in Frage zu stellen? Anfang der 70-er Jahre jedenfalls reiben sich die meisten noch am Staat DDR, an der Starre vieler SED-Funktionäre, an der schulischen Gängelei.

Am Jenaer Gymnasium von Siegfried Reiprich hat sich ein Singeklub gegründet:
„Der politische Druck an der Schule war enorm, und das hat sich auch auf unseren Singeclub ausgewirkt. Lehrer und ein hauptamtlicher FDJ-Sekretär mischten sich ständig ein, wollten mitbestimmen, was wir bei unseren "Songs & Lyrik“ -Abenden in der Schulaula vortragen dürfen ... und was nicht.
In der Gruppe kriselte es. Offiziell unterhielten wir in unseren FDJ-Blusen die Jenaer Bevölkerung, zum Beispiel am 1. Mai 1973 auf dem Jenaer Holzmarkt – dazu brutzelten Bratwürste auf dem Rost und das Bier floss. Untereinander hatten wir uns aber gerade heftig über die Armeezeit gestritten, die uns ja nach dem Abitur bevorstand: Sollte man länger dienen als die üblichen 1 1/2 Jahre, also "Offizier auf Zeit" werden? Oder gar an die Grenze gehen? Bei letzterem war klar, dass ich es ablehnen würde, auf Menschen zu schießen, die das Land verlassen wollten. Wir stritten, ob man sich mitschuldig macht, wenn Leute an der Grenze umgenietet werden, auch, wenn man selbst nur ein Rädchen im Getriebe ist. Meine Meinung war „Ja“, doch damit stand ich fast allein da - höchstens die Mädchen sympathisierten noch mit mir!
Natürlich dachte ich damals nicht daran, Bausoldat zu werden... also den Dienst mit der Waffe zu verweigern. Denn ich war ja kein Pazifist - ich meinte, falls der „Imperialismus“ angriffe, notfalls den „Sozialismus“ verteidigen zu müssen. Na ja, das war Anfang der 70-er Jahre. Wir konnten nur in den Kategorien denken, die wir vorfanden, die uns aufgezwungen wurden...“

Siegfried Reiprich (l.) mit Singeklub
auf dem Jenaer Markt, 1.Mai 1973

Der Singeklub wartet auf den nächsten Auftritt

Die Jugendlichen sind auf der Suche. Im Kulturhaus Jena-Neulobeda hat sich ein *Arbeitskreis Literatur und Lyrik gegründet*. Der stößt bei den Kulturfunktionären zunächst gar nicht auf Ablehnung. Denn der Gründer des Zirkels, Geschichtsstudent Lutz Rathenow, hat ihnen das Anliegen ideologisch mundgerecht aufbereitet: „„...Der Arbeitskreis wurde Anfang des Jahres in Zusammenarbeit mit dem Kulturhaus Jena-Neulobeda gegründet", schreibt der Student in einem Brief. „Er soll zu einer sinnvollen Freizeitbeschäftigung, besonders der Lehrlinge und Jungfacharbeiter beitragen. Das wäre vielleicht unser Ziel am allgemeinsten formuliert. Unsere Arbeit verstehen wir vorrangig als FDJ-Arbeit, weil alle Mitglieder unseres Arbeitskreises dem sozialistischen Jugendverband angehören" ...

Der klassenkämpferische Ton soll den Funktionären die Zustimmung entlocken. Doch mit ihrem literarischen Anspruch meinen es die jungen Leute ernst: Sie organisieren sich ihr Publikum selbst, lesen vor Studenten, Lehrlingen, jungen Facharbeitern. Sie verteilen - ohne offizielle Genehmigung - kleine Sammlungen ihrer Gedichte und diskutieren ohne Angst vor Stasi-Spitzeln über Ideal und Wirklichkeit, Herrensprache und Sklavensprache. Sie wollen ein Kabarett im Neubaugebiet auf die Beine stellen und beteiligen sich bereits an einem Wettbewerb für die X. Weltfestspiele in Berlin.

Und ihre Texte? Die schwimmen nicht in sozialistischer Soße, sondern drücken das aus, was sie belastet... und nicht nur sie:

GLEICHGÜLTIG
saßen sie
hinter fröhlichen masken
um ein feuer
das sie mit phrasen nährten

frierend ging ich weiter

schreibt da der bereits von höherer Bildung fern gehaltene 21-jährige Hausmeister Wolfgang Hinkeldey.

Irena Regener, eine 18-jährige Abiturientin, sendet

WICHTIGKEITEN
für a.

reiß´ deine haut ab
schreib´ dir einen brief
zähl´ die adern eines blattes
vergiß mal die pille

suche
entdecke
gib!

Der 22-jährige Diplomingenieur Udo Scheer nimmt sich des Mauerthemas an:

SÄULEN DES HERKULES

Wildkaninchen hoppeln
im scheinwerfergras des nachtdenkmals
hierhin, dahin. Das ist das ende
Wer weitergeht...
Über die rohrbrüstung gelehnt
suchen touristen dem kitzel nach

Seltsam. Ohne ende
schlagen häschen haken
trommeln mit ihren läufen
das alphabet der angst
Feldstecheraugen beschützen
die ruhe entlang der schatten

Fußnote: *Durch das auslegen von gift*
gelang es, der kaninchenplage
am brandenburger tor herr zu werden.

Zum Arbeitskreis Literatur gehört auch Siegfried Reiprich, der - inzwischen Soldat bei der NVA - die staatliche Gehirnwäsche schon ein wenig überwunden hat:

ANTRITTSREDE EINES JUNGEN MÖCHTEGERNPOETEN

Ich rede verworren und bin
das Produkt meiner Umwelt.
Vorläufig
also
verzeiht mir.

Was da so zusammengeschrieben wird im *Arbeitskreis Literatur und Lyrik*, erregt den Argwohn der Kulturfunktionäre. Doch während die Akteure der *Jungen Gemeinde* bereits seit 1971 unter Beobachtung der Staatssicherheit stehen, gibt es für die jungen Literaten noch eine gewisse Schonfrist: Die regionalen Funktionäre unterschätzen zunächst die geistige Sprengkraft von Gedichten.
Auf einem Poetenseminar in Schwerin kommt es 1974 allerdings zum Eklat ... und danach wird auch ihr Kreis zum Objekt der Zersetzung.

Peter Rösch ist eine Leseratte; er gehört früh zum Stammpublikum des Literaturkreises und er kennt auch bald alle. Allmählich endet seine Lehre als Feinmechaniker. Rösch befindet sich an der Basis der Arbeiterklasse, d.h., er steckt schon mit der Nase in den Mängeln der Planwirtschaft. In seiner riesigen Werkhalle gibt es Scharen von Lehrlingen – mehr, als es Werkzeuge gibt. Wer keines abbekommen hat, spielt an seiner Werkbank Schach, die Mädchen stricken.

Matthias Domaschk ist 1973 Schüler und noch nicht zum renitenten Kern der *JG* Stadtmitte vorgedrungen. Doch das ist eine Frage der Zeit: Er ist bereits Mitglied der *JG* in seinem Neubaugebiet. In der Schule gehört Matz Domaschk zu den Langhaarigen und zu denen, die durch spitze politische Bemerkungen auffallen.

Doris Liebermann zieht im Herbst 1973 von ihrem Dorf nach Jena um. Sie hat eine Berufsausbildung mit Abitur hinter sich, weiss aber nicht so recht, was sie studieren soll:

Matthias Domaschk (3.v.l.) auf Klassenfahrt

„Sprachen haben mir immer Spaß gemacht, in Englisch konnte ich in der Schule zwei Klassen überspringen. Jetzt interessierte ich mich aber für Polnisch. Denn Anfang der 70er Jahre hatte ich mal ein Mädchen aus unserem Dorf in Wroclaw besucht; sie war die Tochter eines SED-Funktionärs und zum Studium nach Polen delegiert worden.
Polen hat mich begeistert. Ich hatte das Gefühl, dort freier atmen zu können als in der DDR: Jazz, Beat, Plakatkunst, Literatur - in allen Bereichen ging es in Polen freier zu. Also lernte ich Polnisch, abonnierte eine Jazz-Zeitschrift und hatte nun das Gefühl, zur großen weiten Welt zu gehören.“

Doris Liebermann entscheidet sich für Slawistik - dieses Studienfach gibt es an der Uni Jena. Doch kaum hat sie mit dem Studium begonnen, erlebt sie eine böse Überraschung:

„Was ich nicht wusste: Slawistik galt als Elite-Fach - nur acht Studenten aus der ganzen DDR waren in unserem Studienjahr zugelassen. Es waren Diplomatenkinder darunter, die schon in allen möglichen Ländern gelebt hatten, während wir ja kaum raus durften. Ich war das einzige Bauernkind. Deshalb sollte ich FDJ-Sekretärin werden, damit die Statistik stimmt, nach der ja Arbeiter- und Bauernkinder besonders gefördert wurden.
In diesem Herbst 1973 stand ich also plötzlich an einem Scheideweg! Ich war christlich erzogen – und nun sollte ich FDJ-Sekretärin werden?
Ich dachte: ´Wenn ich mich jetzt dazu verdonnern lasse, verrate ich mich und meine persönlichen Werte... dann komme ich nie wieder aus diesem Netz aus Zwang und Lügen heraus´. Ich schmiss also nach kürzester Zeit das Studium, trat auch gleich ganz aus der FDJ aus und fuhr erstmal nach Polen. Als ich zurück nach Jena kam, nahm ich verschiedene Jobs an...“

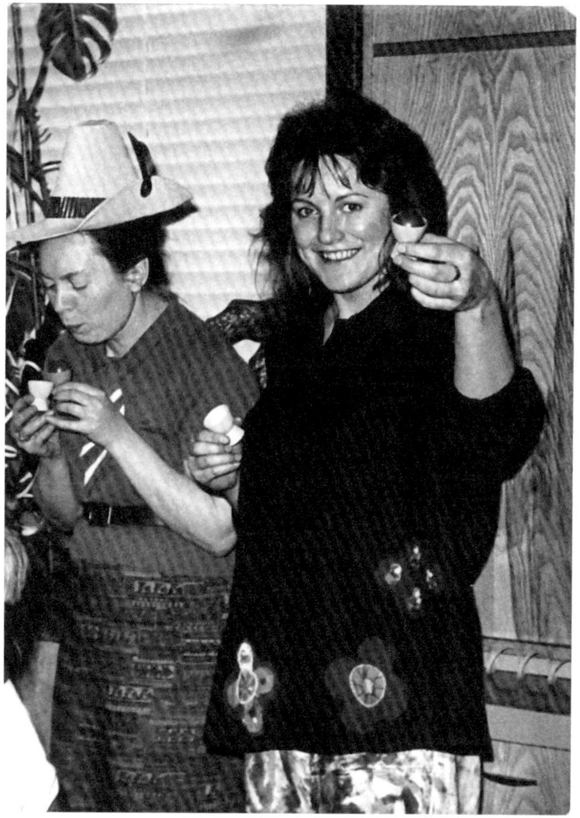

Doris Liebermann (r.) bei einer kirchlichen Faschingsfeier (1972/73)

TRAMPEN, WANDERN, LESEN

Sind sich die Jenaer Jugendlichen der Gefahren bewusst, die von der Staatsmacht ausgehen? In den frühen 70-er Jahren noch kaum. Während der brutalen Übergriffe der 50-er Jahre, den Massenverhaftungen und nicht endenden Fluchtwellen aus der DDR waren die meisten von ihnen noch kleine Kinder. Als die „Beat-Generation" zur Strafarbeit im Braunkohlentagebau verschwand, drückten sie als Grundschüler die Schulbank...
Doch jetzt ist ihre Zeit gekommen. Jetzt sind sie es, die ihre ersten Gehversuche in einem Staat unternehmen, der nicht mit sich spaßen lässt.

Natürlich werden auch sie bereits gegängelt und drangsaliert, doch wirkt das auf die meisten der jungen Thüringer noch wie ein Spiel. Und reizt es nicht, den schmalen Raum auszuloten, der einem zugeteilt ist und zu versuchen, ihn zu erweitern? Nur nicht brav mitlatschen, nur nicht angepasst sein- leben, sich fühlen, jung sein! Ja... auch und gerade in der DDR!

Um sich freizumachen von Drill und Gängelei, sprühen sie vor Ideen: Subversive Bücher kreisen und manche Flasche Rotwein. Wanderungen in die Berge rund um Jena werden unternommen, private Partys organisiert, die ersten Jenaer Kneipen zu Szenetreffs erhoben. Westliche Musiksendungen im Radio werden auf Tonband mitgeschnitten und frech getauscht.

Die Jenaer "Szene" 1975 beim Bluesfestival in Wandersleben

Ob *Rolling Stones, Aretha Franklin* oder *Leonhard Cohen:* Wer es geschafft hat, sich ein Tonbandgerät zusammenzusparen – immerhin kostet das zwei bis drei Monatsgehälter - der versorgt seine Freunde mit verbotener Westmusik...

Zu den Auftritten der landeseigenen Rock & Blues-Bands wird getrampt. Per Anhalter durch die Gegend fahren ist eine bei unangepassten DDR-Jugendlichen äußerst beliebte Daseinsform, weil hier Weg und Ziel auf wunderbare Weise zusammenfallen und in ein seltenes Gefühl von Freisein münden.
Schon Mitte der 60-er Jahre zog es Langhaarige mit Fellwesten und Bärten von Ort zu Ort.
Dort hingen sie mit Gleichgesinnten an diversen Ecken herum, weil ihnen mit diesem Outfit der Zutritt in staatliche Kulturhäuser häufig verwehrt wurde. Polizei und Staatssicherheit stuften sie in die Feind- Kategorie *Tramper* ein, sie selbst nannten sich trotzig *Kunden* oder *Fans*.

Matthias Domaschk, 1975 am Stausee Hohenwarte

Tramper, Kunden und Fans gibt es auch Anfang der 70-er Jahre noch. Doch jetzt sind es die in den 50-er Jahren Geborenen, die sich auf die Piste machen - Jugendliche wie Matthias Domaschk, Peter Rösch und Roland Jahn. Sie reisen mit Jeans und Umhängetaschen los, auf denen Peace-Aufnäher prangen. Und sie trampen dorthin, wo mal wieder eine Rock-Truppe auftreten darf, werden magisch angezogen von Namen wie Bayon, Kehrt oder Renft...

Für Roland Jahn und seine Freunde sind das herrliche Trips:

Roland Jahn (r.) auf der Piste... 1975

„Wo man geschlafen hat? Darüber hat man sich überhaupt keine Platte gemacht, das hat sich irgendwie ergeben. Man hatte eine Decke bei sich, mehr nicht. Manche sparten kräftig, um sich bei den Tschechen oder Polen einen Schlafsack zu kaufen – sowas gab es zu der Zeit in der DDR nicht.
In Dresden, daran erinnere ich mich, war ich mal zu einem Rockkonzert und hatte dort keine Bleibe – also habe ich mich mit einer dünnen Decke irgendwo in eine Bahnhofsecke gehockt, das war natürlich saukalt!

Das Trampen hat trotzdem total Spaß gemacht. Obwohl: Es konnte schon mal passieren, daß einen die Trapo aufgriff, die Transportpolizei. Dann wurde man festgehalten für zwei, drei Stunden und ausgefragt. Als ich zum Beispiel mal in Karl-Marx-Stadt an der Autobahn stand, wurde ich von der Polizei mitgenommen zum Verhör, und die meinten:
´Was willst du hier in dieser Gegend? Du bist nicht mehr allzu weit entfernt vom Grenzgebiet!´
Die redeten dich einfach mit „Du“ an und ermahnten dich, ja nicht zu nahe an die Grenze zu kommen.
Trotz kleiner Schikanen machte das Herumtrampen Spaß: Man lernte immer neue Leute kennen und kam aus dem DDR-Mief heraus. Zum Beispiel 1972, als die Schule zu Ende ging: Vormittags wurden uns die Abitur-Zeugnisse überreicht, und 15.30 Uhr war ich bereits auf der Piste.
Dann war ich weg... und kam erst nach dreieinhalb Monaten wieder.“

1974

Matthias Domaschk (r.), mit einem Freund beim Ausflug an den Stausee Hohenwarte

Für viele ist An-die-Ostsee-Trampen ein Traum.
Wer schafft es am schnellsten, auf der Fernverkehrsstraße F 96 an die Küste zu kommen?
In Oranienburg, oberhalb von Berlin, stehen manchmal 30 Leute hintereinander an der Landstraße.
Wenn man Glück hat, hält ein LKW und nimmt gleich einen ganzen Schwung auf der Ladefläche mit.

Die Jenaer drängen sich auch auf den Rastplätzen des Hermsdorfer Kreuzes... Hier ist allerdings besondere Vorsicht geboten, denn hier tummelt sich viel Stasi in Zivil: Das Hermsdorfer Kreuz ist Teil der Transitstrecke durch die abgeschottete DDR.

Matthias Domaschk, ca. 1974 in Jena

Die Tramper-Szene hält sich durch Flüster-Propaganda zusammen: Welche Gruppe spielt wo? Und wer kennt wen... in welcher Stadt? Die Vernetzung funktioniert quer durch die Republik. Und das Ausleben einer hierarchiefreien Gemeinschaft wirkt auf Jugendliche in der Erziehungsdiktatur DDR geradezu therapeutisch.

In dieser Szene ist Matz Domaschk 1974 schon ziemlich zuhause. Der 17-jährige Schüler macht sich zu Veranstaltungen in andere Städte auf, allein oder mit Freunden. Unterwegs begegnet er Jugendlichen, die von Schikanen durch Lehrer oder Polizisten berichten, die als bildungsunwert gelten aufgrund langer Haare oder eines vielleicht tapfer getragenen Jimi-Hendrix-T-Shirts.
Er trifft hier ehemalige Gymnasiasten und Studenten, die lebenslänglich für höhere Bildung gesperrt wurden, weil ihnen der „sozialistische Klassenstandpunkt" fehlt...

Die Tramper-Szene ist ein Lernort mit prägenden Erlebnissen. Das Herumreisen ein guter Weg zum Austausch subversiver Ideen – und davon profitieren auch die *Jungen Gemeinden* und die *Offene Arbeit*.

Mit den Jahren wachsen die Reise-Träume der jungen Leute. Da der Blick Richtung Westen komplett versperrt ist, richtet er sich intensiv gen Osten: Prag wird oft und gern angesteuert, Polen ist bei Jazz-Fans ein Muss.
Die südlichen Ostblock-Länder geraten mehr und mehr ins Blickfeld - Ungarn, Rumänien und Bulgarien. Eine Osteuropa-Tour erscheint allen als Gipfel der Reiselust.

Doris Liebermann und Thomas Auerbach 1976 in Rumänien

Siegfried Reiprich und seine Freundin Christine 1976 in Bulgarien

EINE FEIER IN DER GARTENSTRASSE

Am 18. Januar 1975 erlebt die Jenaer Szene einen massiven Einbruch staatlicher Gewalt in ihr Privatleben: In der Gartenstraße 7, einer Art Wohngemeinschaft, in der sich vier Leute vier kleine Zimmer teilen, wird an diesem Abend ausgelassen Verlobung gefeiert. Allerdings nur bis 21.30 Uhr, dann stürmt die Polizei die Wohnung. Zu den entsetzten Feiergästen gehört auch Peter Rösch - inzwischen ein geschätzter Feinmechaniker im Bereich Medizin und in der Zentralwerkstatt für Forschung und Entwicklung an der Uni Jena beschäftigt:

„Bei dieser Feier in der Gartenstraße, da hatten sie endlich mal einen ganzen Schwung Langhaariger zusammen – Leute, von denen sie wussten, die denken anders als sie. Denen wollten sie nun zeigen, wer die Macht im Staat hat: Etwa fünfzehn Polizisten drängten plötzlich in die kleine Wohnung rein! Da waren aber bereits vierzig Leute versammelt, es kam zum Schubsen und Drängeln. Darauf holten die ihre Gummiknüppel raus und schlugen wahllos auf uns ein. Eine Freundin knallte in den großen Flurspiegel, ich hörte es scheppern, dann wurde ich an den Haaren aus der Wohnung gezerrt. Draußen stand schon der Mannschaftswagen bereit, sie prügelten uns da hinauf, dann wurden wir abtransportiert. Wir waren etwa ein Dutzend Verhaftete. Der ganze Vorgang hatte etwas total Faschistisches...“

Jena, Thälmann-Ring neben der alten Post, 1978

Die in der Wohnung Zurückgebliebenen sind fassungslos. Gegen Mitternacht machen sie sich auf den Weg zur Polizei, fordern dort die Freilassung ihrer Freunde.
„Aktion Gartenstraße" nennen Polizei und Staatssicherheit diesen Zugriff.
Sie lassen die Zugeführten tatsächlich noch in der Nacht frei, die brutale Aktion war halt mal eine gute Übung für später.
Die Schikanierten aber wollen sich diese Willkür nicht gefallen lassen; sie setzen sich hin und schreiben Eingaben - an die SED, den Staatsrat, den Leiter des Polizeikreisamtes!
Das heißt, sie werden auch noch frech.
Also schlägt die Staatsmacht noch einmal zu – diesmal mit Wohnungsdurchsuchungen und Festnahmen. Die fünf, die nun abgeführt werden, kommen in der Nacht nicht wieder frei:
Sie werden in die U-Haftanstalt nach Gera transportiert und dort abgeurteilt - wegen „Staatsverleumdung" und „Widerstand gegen staatliche Maßnahmen".
Das ganze im Eilverfahren, das ganze unter Ausschluss der Öffentlichkeit.

Vergeblich halten die Verhafteten und ihre Freunde Ausschau nach unabhängigen Richtern... unabhängigen Rechtsanwälten.
Doch so etwas gibt es schon lange nicht mehr in der DDR:
Seit 1952 dürfen nur noch Kinder aus politisch angepassten Elternhäusern Jura studieren, die Justiz ist längst gleichgeschaltet.

Während vier seiner Freunde für Monate im Gefängnis verschwinden, kommt Peter Rösch mit einem blauen Auge davon - einer Bewährungsstrafe und einer Geldstrafe von 500 Mark, aufgebrummt wegen ´Staatsfeindlicher Hetze´: Rösch hatte bei seiner Misshandlung „*Schweine*" gerufen und „*Das ist ja wie bei den Nazis!*" .

500 Mark, das ist ein ganzer Monatsverdienst.
Doch bleibt ihm das Gefängnis erspart, weil seine Arbeitskollegen an der Uni Jena für ihn bürgen:
Peter Rösch soll von ihnen zu einer sozialistischen Persönlichkeit erzogen werden. Etwas ironisch verdonnern ihn die Kollegen zum kollektiven Angel-Ausflug und gemeinschaftlichen Kegeln:

„*Nun mußte ich natürlich mit kegeln gehen, obwohl ich kegeln nicht leiden konnte. Doch es gab Schlimmeres: Meine Freunde im Gefängnis mussten jetzt im Gleisbau schuften...*"

Mit ihrem harschen Durchgreifen provozieren die Staatsorgane die bis dahin vielleicht größte Solidaritätswelle in der alternativen Szene der DDR. Etliche hohe Geldstrafen sind aufzutreiben.
Eine Spendenaktion läuft an: Innerhalb von 3 Monaten treffen aus der ganzen DDR 5000 Mark Spendengelder in Jena ein – für die 70-er Jahre eine enorme Summe.
Doch auch die Jenaer Freunde um Peter Rösch selbst fassen mit zu:

„*Wir sind zu den Dornburger Schlössern gefahren, an die Saale. Da gab es unten am Fluss größere Weidenfelder. Dort sind wir nun herumgekrochen und mit mächtigen Gartenscheren zu Werke gegangen. Wir haben jede Menge Weidenäste geschnitten, die wurden später zum Körbeflechten verwendet.*
Der Erlös kam denen zugute, die im Gefängnis saßen.
Das mit den Ästen war schon ziemlich anstrengend, doch irgendwie hat das auch Spaß gemacht – solche Sachen haben uns ja weiter zusammengeschmiedet. Wir haben also tapfer durchgehalten..."

1975

Die Jenaer "Szene" (vorn r. Peter Rösch) beim Weidenrutenschneiden

Die Ereignisse um die Gartenstraße 7 lösen in der Jenaer Szene einen enormen Schub an politischem Bewusstsein aus.
Und sie erzeugen ein Geflecht an persönlichen Beziehungen, das bisherige Gruppen- Interessen überwindet und das Bedürfnis nach Widerstand zu bündeln beginnt. Manche werden überhaupt jetzt erst politisch richtig wach.

Matthias Domaschk ist einer, der bereits politisch wach ist.
Er gehört fest zur Jenaer Szene und war häufig in der Wohngemeinschaft Gartenstraße zu Gast – nicht jedoch an diesem unheilvollen 18. Januar 1975.
Matz Domaschk hat Glück gehabt.

Matthias Domaschk (l.) mit Freunden in Jena-Neulobeda

Die Jenaer "Szene" trifft sich am 1.Mai 1975 auf dem Alten Markt

Und dieses Glück hält an - im verrückten Jahr 1975 verliebt er sich!
Seit Herbst letzten Jahres lernt Domaschk Feinmechaniker mit Abitur, er will Ingenieur werden. Und im Juni feiert er seinen 18. Geburtstag, dabei passiert es – er verliebt sich in die 24-jährige Vikarin Renate Groß, die seit einiger Zeit als Gemeindehelferin in Jena-Lobeda arbeitet und sich dort auch um die *Junge Gemeinde* kümmert:

„Es war im Sommer 1975. Wir kannten uns aus der JG Jena-Lobeda, die ich mit leitete.
Eines Tages kam Matz zu mir nach Hause - er wollte meinen Kassettenrecorder ausborgen, den ich gerade aus dem Westen geschenkt gekriegt hatte. Er wollte seinen 18. Geburtstag feiern, im Gartenhaus seiner Eltern, und brauchte was, um Musik abspielen zu können. Na, da hab ich ihm mein Schmuckstück geborgt. Und still gehofft, dass ich es heil wiederkriege. Das war ja ein wertvolles Gerät damals!
Ein paar Tage später hat er mir den Recorder heil zurückgebracht. Ich hab ihn natürlich nach seiner Fete gefragt, und erstmal hat er mir begeistert von der Party erzählt. Doch dann wurde er immer ernster, immer trauriger - er hatte nämlich wegen dieser Feier einigen Ärger mit seinen Eltern gekriegt... und das nicht zum ersten Mal.
Ich - ganz in Seelsorger-Manier - hab ihn natürlich ermuntert, über seine Probleme zu reden. Es wurde ein langer Abend. Stundenlang erzählten wir uns unsere Geschichten - wie wir versuchen, unser eigenes Leben zu finden und warum das alles so schwierig ist. Und warum es sich doch lohnt, das eigene zu finden. Und wo denn und wie denn? Es wurde ein sehr langer Abend. So gegen zwei Uhr nachts stellten wir fest, dass jetzt natürlich kein Bus mehr fuhr. Also blieb er.

Renate Groß, 1974

Ich hatte eigentlich nicht gedacht, dass sich daraus eine Beziehung entwickeln würde. Schließlich war er einige Jahre jünger als ich, sowas zählt doch in dem Alter viel. Aber schon nach wenigen Wochen war es in unsere staunenden Herzen gefallen, dass da mehr war als nur eine kurze Liebelei..."

Die beiden stürzen sich nun gemeinsam ins Jenaer Leben. Sie nehmen an illegalen Lesungen teil und an Konzerten, sie unterstützen die Inhaftierten, wandern hinauf in die Berge um Jena und gestalten die Abende in der Jungen Gemeinde mit aus.

Die JG bekommt immer mehr Zulauf, denn 1975 hagelt es in der Kulturpolitik regelrecht Verbote.
Verboten wird die wohl kultigste DDR-Band - die Leipziger *Klaus-Renft – Combo.*
Die Leidensgeschichte der Rock-und Popmusiker in der DDR ist nun schon lang: Politische Gängelei steifer sozialistischer Funktionäre, Schikanen, Zensur und immer wieder Verbote brechen seit dem Mauerbau über unangepasste Musiker herein.
Wer von den Fans geliebt wird, hat schon verloren - die Funktionäre entscheiden, was gut für die DDR-Jugend ist.

Matthias Domaschk und Renate Groß im Oktober 1975

„Wir haben unseren kleinen Freiraum gesucht“, erzählt die DDR-Rock-Legende Klaus Renft nach dem Mauerfall. *„Unsere Nische, das waren unsere Gitarren. Unsere Auftritte waren der Ort, wo die Jugend in diesem traurigen Staat mal ein bisschen aufatmen konnte. Mehr wollten wir gar nicht. Die Politisierung, die Kriminalisierung unserer Musik ist rein durch die Behörden gemacht worden.“*

Tanz-Abende mit der *Renft–Combo*, das waren Happenings, in denen sich Band und Publikum - in Bart- und Haartracht kaum voneinander unterscheidend – meistens feucht-fröhlich verbrüderten. *Deep Purple, Vanilla Fudge, Ginger Baker* stand auf den Notenblättern... doch mehr und mehr hielten auch deutsche Texte Einzug ins Repertoire. Als hochbegabter, politisch scharfer Texter galt dabei der Liedermacher Gerulf Pannach, der schon seit Jahren immer mal wieder mit Auftrittsverboten belegt wurde – illegal aber häufig bei der *Renft-Combo* auftrat. Damit ist es nun vorbei.
Zusammen mit Christian Kunert, dem Keyboarder der *Renft-Combo*, stellt Pannach ein eigenes Programm auf die Beine... sie spielen vor und werden abgelehnt! So stapeln die beiden Musiker, statt auf der Bühne zu stehen, bald Kisten im Obst -und Gemüsehandel. Und treten illegal auf – auch in der Umgebung Jenas, wo sie auf leidenschaftliche Fans treffen: Von Matthias Domaschk über Peter Rösch und Roland Jahn... von Siegfried Reiprich über Thomas Auerbach, Renate Groß oder Doris Liebermann – wenn Pannach & Kunert spielen, sind die Auftrittswohnungen rappelvoll ! Denn erstens sind das phantastische Musiker und zweitens erfassen sie mit ihren Texten sensibel das Lebensgefühl der unterdrückten DDR-Jugend. Gerade deshalb hat man sie ja auch verboten. Matthias Domaschk lässt heimlich Pannach-Texte vervielfältigen und gibt sie weiter.

Verboten wird 1975 auch der *Arbeitskreis Literatur & Lyrik*.
Und es beginnt die Zeit der zwangsweisen Exmatrikulationen von der Friedrich-Schiller-Universität Jena. Einer der ersten, die es trifft, ist der 23-jährige Psychologie-Student Jürgen Fuchs.
In Form eines Tribunals wird über den Studenten kurz vor dessen Diplomabschluss entschieden, dass er so lange von jeglichem Studium ausgeschlossen bleibt, wie er sein DDR-kritisches Verhalten nicht ändert und sich von seinen negativen politischen Überzeugungen distanziert.
Jürgen Fuchs kam zur Armee als gläubiger Jungsozialist. Doch auf der Sturmbahn und unter dem faschistischen Kommando-Gebell der Offiziere holte ihn auf traumatische Weise die Realität ein.
Seit Fuchs von der Armee zurück ist, treibt ihn die Suche nach Wahrheit um. Er tritt in öffentlichen und privaten Lesungen auf, ist eng verbandelt mit dem *Arbeitskreis Literatur & Lyrik*, dessen Verbot am Ende mit seiner Exmatrikulation zusammenfällt. Ein Thema wird Jürgen Fuchs nicht mehr loslassen.

Und er hat ein Gedicht dazu verfasst, das er vorlesen wird, wieder und wieder - das und andere:

BESICHTIGUNG

Hinter
Den Klarsichtscheiben
Der Gasmaske

Sehen Sie
Zwei Augen

Im Inneren
Aber nur Herzkammern

Keine Gaskammer

Siegfried Reiprich ist entsetzt über die Exmatrikulation seines Freundes Jürgen Fuchs. Er beginnt gerade erst sein Studium – doch auch er ist aufsässig und auch er hat eine furchtbare Armeezeit hinter sich. Wie lange wird Reiprich studieren dürfen?

Jürgen Fuchs, 1975 in der Jungen Gemeinde in Jena

Auch bei Roland Jahn weist noch nichts auf die Dramatik der nächsten Jahre hin; Jahn, der seit seiner Armeezeit als Sportplatzwart jobbt, beginnt 1975 an der Universität Jena, Wirtschaftswissenschaft zu studieren.
Und Doris Liebermann, die sich mit kleinen Jobs über Wasser hält, bereitet sich gerade auf ein Theologiestudium vor.

DIE BIERMANN – AUSBÜRGERUNG

In den maroden Jenaer Abrisshäusern haben sich inzwischen mehrere Wohngemeinschaften eingerichtet. Sie sind den staatlichen Funktionären ein Dorn im Auge... jedoch in erster Linie eine Folge der allgemeinen Wohnungsnot: Obwohl bis zum Mauerbau 1961 fast drei Millionen Menschen der DDR den Rücken gekehrt haben, herrscht extremer Wohnraummangel. 1972 wurde deshalb ein Wohnungsbauprogramm beschlossen, begann man, riesige Plattenbausiedlungen an die Ränder der Städte zu stampfen – solche wie Jena-Neulobeda. Die Wohnungen dort sind besonders bei jungen Familien begehrt: Sie haben Fernheizung und Bäder mit fließend warmem Wasser, während die Bewohner des Altbaus im Winter Kohleneimer schleppen müssen, ihr WC oft genug im Haus, halbe Treppe liegt. Auch findet sich in den Neubaugebieten alles dicht beieinander – Kinderkrippen, Kindergärten, Schulen, Kaufhallen, Sporteinrichtungen und Gaststätten. Peter Rösch ist hier zur Schule gegangen, auch Matthias Domaschk.
Es ist also alles da in der *Platte*. Und dennoch, sie lebt nicht – Menschen lernen einander kaum kennen in den riesigen Wohnsilos, im Blickfeld herrscht Monotonie. Das prickelnde Leben findet im alten Zentrum Jenas statt, und hierhin zieht es auch die „Szene“. Peter Rösch ist in der Altstadt wechselnder WG-Bewohner, in verfallenden Leerstandswohnungen:

„Es war keineswegs einfach, was zu finden – man musste immer irgendwo schwarz einziehen. Ich landete zunächst in einer Wohngemeinschaft, Nähe Paradiesbahnhof. Offiziell hatte ich mich für eine 1-Raum-Wohnung beworben, die war mir auch zugesprochen worden. Als ich aber – das war 1975, im Zusammenhang mit der Gartenstraße – verhaftet wurde, haben sie die Wohnung einfach jemand anderem gegeben; die Wohnungsverwaltung war schon darüber informiert, dass ich ins Gefängnis muss! Dabei habe ich dann ja nur Bewährung gekriegt...
Nun musste ich also noch ein halbes Jahr auf eine Wohnung warten. Das war dann ein sozialistisches Wohnklo: 9 Quadratmeter!
Da haben wir dann manchmal zu dritt drin gewohnt – es hatte ja fast niemand eine eigene Wohnung... Eine Zeitlang habe ich da zusammen mit einem Freund und einer Freundin gewohnt. Geschlafen haben wir meistens umschichtig, aber am Wochenende lagen wir auch schon mal zu dritt im Bett, haben geschlafen, gemütlich gequatscht oder Sex gemacht...“

Bild rechts:
Buch der Sozialistischen Jugendweihe, 70-er Jahre

Sozialismus und Kommunismus – Glück und Zukunft der Menschheit

1976

Zumindest hat Peter Rösch jetzt eine eigene Bude. In seiner Wartezeit wohnte er auch in einer Wohngemeinschaft, die für die sozialistischen Genossen das Sodom und Gomorrha schlechthin war:
„Es gab dort ein Hochbett im großen Zimmer, da passten genau 12 Leute drauf. Da oben ging es keusch zu, obschon Weiblein und Männlein nebeneinander lagen. Für diejenigen, die Lust auf Sex hatten, stand ein Extra-Bett im Flur – dort taumelten aber alle vorbei, die nachts mal aufs Klo mussten, dort war es also nicht sehr romantisch. Eng war es natürlich bei so einer großen Gruppe. Und weil etliche in der WG gern photographierten, wurde von der kleinen Küche noch eine Dunkelkammer abgetrennt.
Wie man da gelebt hat? In einer guten, lockeren Gemeinschaft – sowas durfte es ja eigentlich gar nicht geben. Geld hatte so gut wie niemand von uns, und so gab es das ganze Jahr über mehr oder weniger Spaghetti mit Tomatensoße, das war am billigsten. Außer zu Weihnachten, da wurde was Besonderes serviert: Im Tierlabor der Uni Jena wurden ab und zu Versuchsschafe geschlachtet. Und weil einer aus der WG dort arbeitete, gab es zu Weihnachten köstlichen Hammelbraten... zusammen mit Thüringer Klößen und Rotkraut. Das war ein Schmaus - dazu haben wir dann noch eine alleingelassene Oma aus dem Haus eingeladen, die hat glücklich in unserer WG Weihnachten gefeiert...“

Obwohl Wohngemeinschaften kaum geduldet werden, gibt es eine Ausnahme - die Gemeinschaftswohnungen der Theater. Auch die Hochbett-WG ist eine solche, und folgerichtig ist fast die Hälfte ihrer Bewohner als Kulissenschieber am Jenaer Theater beschäftigt:

„Da fielen für uns immer mal ein paar Rollen als Kleindarsteller ab. Das waren dann meist beschwingte Abende, wenn wir als Soldaten über die Bühne marschierten oder als Bauernvolk die Fäuste reckten. Natürlich kreiste hinter den Kulissen eine Flasche Wein...“

Peter Rösch mit einer Freundin, späte 70-er Jahre

Fast alle in der Jenaer „Szene“ arbeiten: Man besorgt einander Jobs, damit niemand wegen „asozialer Lebensweise“ ins Gefängnis kommt.
Außer Kulissenschieber ist Krankenpfleger eine beliebte Tätigkeit bei DDR-Aussteigern.
In der Freizeit nimmt die *JG* einen größeren Platz ein, mit Lesebühne, Werkstattwochenende und auch mal einem Fußballspiel. Sie lesen gemeinsam und wandern...und wappnen sich damit gegen den scharfen politischen Druck, der sie nun schon von Kindheit an begleitet und immer wieder Freunde in den Selbstmord treibt:

„Wir haben gefeiert, so gut wir konnten.
In der WG wurden schöne und große Parties gefeiert. An manchen Wochenenden ging das über zwei, drei Tage. Es wurde getanzt, Musik gespielt, man unterhielt sich; mit Wochenbeginn war dann die Party vorbei, schweren Herzens ging jeder wieder auf Arbeit.

Renate Groß und Matthias Domaschk am 2.Mai 1976 mit Freunden auf dem Jenaer Altmarkt

1975 spielte die DDR-Rockgruppe „City“ in Jena. Das Konzert war toll, doch niemand hatte den Musikern ein Quartier besorgt. Da einige unserer WG –Bewohner gerade im Urlaub waren, haben wir die Musiker von „City“ zum Übernachten zu uns eingeladen. Sie waren gerührt: Sie besorgten aus dem Jenaer Luxushotel eine Kiste Wein und tauchten in den Kreis ihrer Fans ein. Am nächsten Morgen sind sie leise aufgebrochen... nachdem sie noch einen 50-Mark-Schein an einem diskreten Plätzchen hinterlegt hatten.
Es war eine aufregende Zeit. Aufregend war sie auch, weil man immer mal mit einer Verhaftung rechnen mußte. Und weil sich jetzt die Musterungen für die Armee häuften. Als ich mich das erste Mal melden mußte auf dem Wehrkreis-Kommando, habe ich ihnen gesagt, dass ich den Dienst an der Waffe verweigere und Bausoldat werden will! Danach war erstmal Ruhe, da hörte ich eine Weile nichts mehr von denen.“

DDR-Rockband "City", Mitte der 70-er Jahre in Berlin-Prenzlauer Berg

1976

Roland Jahn während seiner Studentenzeit in Jena, 1975

Für die Jenaer „Szene“ ist ihre Stadt die heimliche Hauptstadt Thüringens. Hier kennt fast jeder jeden, läuft man sich ständig über den Weg – zumindest in der alternativen und kirchlichen Bewegung. Auch Roland Jahn, der noch bei seinen Eltern wohnt, ist mittendrin: *„Was sich in Jena abgespielt hat, war wirklich etwas besonderes. Es war eine kleine, überschaubare Stadt, die im Tal lag. Was ich sagen will: Es war wie in einem Kessel, es purzelte öfter alles zusammen. Es gab zu DDR-Zeiten nur wenige Kneipen, also traf man sich viel in Wohnungen. Man begegnete einander öfter, besonders in der sogenannten Jenaer Szene. Man erkannte einander schon an den Klamotten, an den Haaren, kam so immer wieder ins Gespräch miteinander und traf sich an den Wochenenden.*
Geredet haben wir über alles, was uns bewegte: Musik, Frauen, Saufen, Wandern. Politik spielte immer dann eine Rolle, wenn sie in unser Leben eingriff. Das war natürlich besonders dann der Fall, wenn der Staat mal wieder zugeschlagen hatte. Durch deren Brutalität wurden wir mehr und mehr politisiert...“

Matthias Domaschk...

Matthias Domaschk und Renate Groß haben sich für eine Zweier-WG entschieden. Sie wohnen unter dem Dach eines Hauses Am Rähmen 3, also mitten im Zentrum.
Und sie verbringen so viel Zeit miteinander, wie es irgend geht:
„Es war wunderschön, fast kindlich unschuldig, so romantisch verliebt zu sein. Ich habe die Zeit mit Matz sehr genossen. Die Liebe fängt ja immer neu an. Aber hier war eine schöne Unbelastetheit, eine Leichtigkeit des Seins, ein Schweben über der herben Erde...

Wir fuhren mit meinem Motorrad in die Wälder, schliefen unter Bäumen und fühlten uns miteinander frei, wie Gottes beste Geschöpfe eben.
An den Wochenenden wanderten wir oft mit der ganzen Szene in die umliegenden Berge.
Matz hatte immer seine Mundharmonika in der Tasche...

Natürlich haben wir ständig und viel miteinander geredet. Matz war inzwischen in meinen Freundeskreis hineingewachsen. Er hat Gedichte geschrieben und im Lesekreis mitgearbeitet – nicht so sehr als Wortführer, eher still, zuhörend, nachdenkend, nachfragend...
Unsere Wohnung wurde bald zu einem Anlaufpunkt für allerlei Aktivitäten. Jürgen Fuchs hat da gelesen und so eine Art Seminar mit uns gemacht, wie man sich bei einem Verhör verhält. So etwas drohte ja ständig...“

...und Renate Groß im Frühling 1976

1976

Johannisstraße mit "Zur Rose", 70-er Jahre

Ein beliebter Anlaufpunkt ist der Jenaer Studentenklub *Rosenkeller*, der im Mai 1976 sein 10-jähriges Bestehen feiert.
Der Klub zieht sich durch zahlreiche, aus dem 13. Jahrhundert stammende Kellergewölbe unter der Johannisstraße entlang, eine Art *studentische Kellerstadt*. Es gibt einen stets umlagerten Bierausschank im Rosenkeller.
Es gibt Vorträge und Diskussionsforen - politisch streng zensiert - am Wochenende aber auch Tanz und Musikveranstaltungen. Da stehen dann oft schon zwei, drei Stunden vor Öffnung des Klubs hundert Leute Schlange, um noch reinzukommen, bevor der Laden wegen Überfüllung geschlossen wird.
Wer drin ist in dieser leicht biermuffigen Unterwelt, gehört für einen Abend zur *Vergnügungselite*...
hat Zugang zu Live-Musik, Bier oder *WC*... wie die beliebte Mischung aus Wodka/Cola genannt wird.

Je mehr allerdings bei einer Veranstaltung das *Wort* im Spiel ist – eben bei Lyrik, Prosa oder politischen Debatten – desto mehr erhöht sich die Gefahr, dass ein Abend „aus technischen Gründen“ abgesagt wird, wie Verbote gern harmlos umschrieben werden. Denn ausschließlich die herrschende Sozialistische Einheitspartei (SED) mit ihrem Jugendverband FDJ hat das Heft in der Hand – unabhängige Jugendklubs existieren nicht in der DDR... weshalb der „Rosenkeller“ eben auch *„FDJ-Studentenklub Rosenkeller“* heißt. Hier wie in allen Klubs gilt das Wort des Staatsratsvorsitzenden Erich Honecker an die 1. Kreissekretäre der SED: *„Kommunistische Erziehung besteht für den Klub vor allem in der Herausbildung einer wissenschaftlichen Weltanschauung, in der gesellschaftspolitischen Erziehung zu vielseitigen, patriotischen, bedürfnisreichen sowie genussfähigen Jugendlichen... und damit zur weiteren Entwicklung unserer sozialistischen Gesellschaft.“*

Genussfähig sind die Jenaer Jugendlichen allemal, auch vielseitig und bedürfnisreich – doch damit endet auch schon die Schnittmenge mit den Funktionären. Beim Betrachten der offiziellen Schwerpunkte des „Rosenkeller“ – Arbeitsplans für das Studienjahr 1975/76 erfasst sie das kalte Grausen.

1. Programmgestaltung und -vorbereitung

1.1. Schaffung eines langfristigen und inhaltlich abgestimmten Programmvorlaufs. Zur Erreichung dieses Ziels sind folgende Voraussetzungen zu erfüllen:

- Planung und Absicherung von anspruchsvollen Veranstaltungen zu den bevorstehenden gesellschaftlichen Höhepunkten im Leben unserer Republik
  - Tag der Republik
  - 100. Geburtstag von W. Pieck
  - 30. Jahrestag der SED
  - 30. Jahrestag der FDJ
  - 20. Jahrestag der NVA
  - XXIV. Parteitag der KPdSU
  - IX. Parteitag der SED

  Dazu werden folgende Veranstaltungen in das Programm aufgenommen:
  - eine Veranstaltung mit FDJ-Aktivisten unserer Universität
  - Veranstaltungen zur Auswertung der Dokumente des IX. Parteitages der SED
  - eine Veranstaltung über Probleme der Zivilverteidigung und der Zivilverteidigungsausbildung an unserer Universität

Auszug aus dem Themen-Plan des FDJ-Studentenklubs "Rosenkeller" f.d. Studienjahr 1975/76

Den Jenaer Literaten um Lutz Rathenow, Siegfried Reiprich und Jürgen Fuchs ist der Zugang zu öffentlichen Lese-Orten inzwischen verwehrt; sie treffen sich derzeit meist in Wohnungen, um einander ihre Prosa und Lyrik vorzutragen. Dadurch stellt sich schon bald das Gefühl ein, im eigenen Saft zu schmoren. Man möchte mit anderen jungen Leuten ins Gespräch kommen - eigentlich braucht man einen Jugendklub!
„*Einen staatlich unabhängigen Jugendklub zu gründen, war in der DDR verboten*“ , erinnert sich Peter Rösch. „ *Also planten wir - so etwa zwanzig Leute, darunter auch Matz Domaschk, Renate Groß, Siegfried Reiprich, Jürgen Fuchs und ich - in Jena einen eigenen Klub zu gründen! Natürlich musste das offiziell ein FDJ-Klub sein, etwas anderes wurde ja nicht zugelassen – aber das Programm sollte von uns gemacht sein. Ausgeheckt haben wir den Plan in der Dachwohnung von Matz und Renate, Am Rähmen 3. Wir waren sofort hochmotiviert, machten uns auf die Suche nach den passenden Räumlichkeiten und verteilten schon mal die Funktionen. Dann stellten wir das Kulturprogramm zusammen - gleich für ein ganzes Jahr. Was das für eine Arbeit war ... doch das war es uns wert.*
Wir sprühten vor Ideen: Lesungen sollten da stattfinden, Rockkonzerte, auch kleine klassische Konzerte, vor allem aber Diskussionsveranstaltungen zu Themen, die Jugendliche wirklich bewegten...
Wie gesagt, ohne FDJ ging gar nichts. Also wollten wir der FDJ-Kreisleitung unser Konzept offerieren. Aber wer sollte uns repräsentieren? Da kamen natürlich nicht so krasse Typen wie ich in Frage - es musste jemand sein, der äußerlich nicht ganz so aus der Norm fiel. So entschieden wir uns für Matz Domaschk ... als einen bei der Partei noch nicht negativ aufgefallenen FDJ-ler. Der sollte den Jugendklub anmelden.
Unser Plan scheiterte natürlich, die SED setzte alle Jugendklub-Leiter selbst ein. Doch immerhin, wir hatten es versucht!“

Dieser Sommer 1976 wird der letzte unbeschwerte für die Jenaer „Szene“ sein. Doch was da drohend am Horizont heraufzieht, können sie noch nicht erkennen. Renate Groß hat inzwischen ihr Vikariat* in Bad Frankenhausen angetreten; sie und Matthias sind dennoch fast jedes Wochenende zusammen. Und sie machen im Sommer einen wunderbaren Urlaub in ihrem Lieblingsland Polen:

„*Wir waren zunächst in einem Camp der ´Aktion Sühnezeichen´ und pilgerten mit polnischen und internationalen Jugendlichen nach Tschenstochau. Danach trampten wir in den Norden, in die Masuren - nur Matz und ich. Das Wetter war ziemlich miserabel. Eine Woche lang lagen wir dann im Zelt und guckten nach draußen, in den masurischen Dauerregen. Dabei sprachen wir viel über unsere Zukunft – nicht nur die politische, auch die persönliche.*
Denn unsere Liebe war fruchtbar geworden – ich war schwanger. Matz freute sich und wollte gern für immer der Vater unseres Kindes bleiben... doch er fühlte sich noch nicht reif für eine lebenslange Bindung, eine Heirat...“

* Vikariat = kirchlicher Vorbereitungsdienst für (junge) Geistliche

----

Doris Liebermann, Theologie-Studentin und Freundin von Thomas Auerbach, sieht im Herbst 1976 dunkle Wolken heraufziehen:

„Tommy Auerbach war ja der Stadtjugendwart der Evangelischen Kirche in Jena. Und er war Wehrdienst – Totalverweigerer; seit seinem 18. Lebensjahr hatte er immer wieder den Wehrdienst verweigert. Durch den Schutz der Kirche wurde seine Einberufung mehrfach zurückgestellt, er war also nie eingezogen worden.
Doch irgendwas hatte sich verändert, man konnte spüren, wie die Staatsorgane im Herbst 1976 die Daumenschrauben anzogen.
Denn jetzt wurde Tommy auf einmal wieder gemustert! Am 2. November 1976 sollte er sich in einem vorgegebenen Armee-Stützpunkt einfinden. Er hoffte natürlich, daß er auch diesmal als kirchlicher Mitarbeiter glimpflich davon kommen würde. Gleichzeitig aber bereiteten wir uns innerlich auf eine Verhaftung vor - das war ja in der DDR die Strafe für Totalverweigerer. Wir sind zusammen noch für ein paar Tage nach Krakau gefahren, um vor dem Knast ganz privat Abschied voneinander zu nehmen...
Und nun rückte der 2. November heran - es passierte aber nichts! Tommy war in extremer Anspannung, ich natürlich auch – die Tage vergingen, er wurde nicht verhaftet...“

Der Diakon Thomas Auerbach wird verhaftet werden, noch dieses Jahr... doch aus einem anderen Grund.

Thomas Auerbach während einer Wanderung, Juni 1976

rechte Seite:
Schaufensterdekoration eines DDR-Geschäftes

1976

Im November 1976 genehmigt die SED dem 40-jährigen Liedermacher Wolf Biermann eine Konzert-Tournee in den Westen – eine Reise mit dramatischen Folgen.
Wolf Biermann, dessen Vater als Kommunist und Jude in Auschwitz ermordet wurde, ist ein Sonderfall: Während Millionen Menschen in den Westen flohen, siedelte er als junger, gläubiger Kommunist vom Westen in den Osten über – tief davon überzeugt, dass das sozialistische Deutschland das bessere sei. Doch es dauerte nicht lange, da wurde der naive, aber aufmüpfige Westler mit der Nase auf die DDR-Realität gestoßen. Im Parteiorgan „Neues Deutschland" las er irgendwann: *„Wir haben keine Freiheit für Verrückte!"* – und das galt ihm! Bald darauf hatte er Auftrittsverbot. Nach einem Dutzend DDR-Jahren sah sich Biermann staatlich isoliert und totgeschwiegen – im Osten. Im Westen dagegen (wo er ja nicht mehr sein wollte), erfreuten sich seine Lieder zunehmender Beliebtheit und wurden auf Schallplatten gepresst.

1976 hat Wolf Biermann bereits zwölf Jahre Auftrittsverbot. Seine Anträge, dann wenigstens im Westen auftreten zu dürfen, wurden stets abgelehnt. Er könne ja zurück in den Westen, wurde ihm von den DDR-Funktionären beschieden – doch für immer! Das wiederum wollte der Liedermacher nicht.
Im Osten gilt er längst als Geheimtipp. Er singt in Kirchenräumen und privaten Wohnungen. Und seine wenigen Auftritte flüstern sich von Ohr zu Ohr, mit Einfallsreichtum und Leidenschaft werden seine verbotenen Texte verbreitet. Denn sie attackieren die Herrschenden und legen den Finger auf Wunden, die nicht nur ihn, sondern unzählige Mitbürger in der Zwangsanstalt DDR quälen. Junge Leute wie die aus der Jenaer „Szene" sitzen in ihren Wohnungen um kreisende Tonbandspulen und lauschen Versen, die sie ermutigen... die sie weinen und lachen machen:

Im ´Neuen Deutschland´ finde ich
Tagtäglich eure Fressen
Und trotzdem seid ihr morgen schon
Verdorben und vergessen!
Heut sitzt ihr noch im fetten Speck
Als dicke deutsche Maden
Ich konservier euch als Insekt
Im Bernstein der Balladen
Als Bernstein-Medaillon, als Ring
Als Brosche auf dem Kragen
So werden euch die schönen Frauen
Im Kommunismus tragen...

Ich habe diese Nacht geweint
Viel knochentrockne Tränen
Und hab die Fäuste wild geballt
Geknirscht auch mit den Zähnen
Ich habe diese Nacht geträumt
Von Hexen und von Drachen
Von alten Weibern, die mit mir
Parteiverfahren machen
Ich habe diese Nacht geglaubt
Die Sonne käm nie wieder
Und brächte nicht ans Tageslicht
All meine wahren Lieder...

...singt Biermann. Das geht runter wie Öl.

(Auszüge aus „Das macht mich populär")

1976

Wolf Biermann 1969 bei einem Privatkonzert in einer Dresdner Wohnung (Gemälde von Strawalde)

Und plötzlich, nach zwölf Jahren Auftrittsverbot in der DDR, genehmigen die sozialistischen Funktionäre dem Liedermacher eine dreiwöchige Konzert-Tournee durch Westdeutschland - eingeladen wurde er von der IG Metall.
Am 13. November gibt Wolf Biermann sein erstes, legendäres Konzert in der ausverkauften Kölner Sporthalle.
Etwa 7 000 Menschen sind gekommen, um ihn zu hören...

Jugendliche bei einer kirchlichen Veranstaltung

In Jena hat sich die Nachricht von der genehmigten Tournee in Windeseile verbreitet, denn mit Jena ist Biermann schon fast familiär verbandelt. Der Liedermacher ist eng mit dem Wissenschaftler und Universitätsprofessor Robert Havemann befreundet, der unter den Nazis als Widerständler in der Todeszelle saß und inzwischen auch in der DDR politisch verfolgt wird. Havemann wurde vor Jahren schon als Professor der Berliner Humboldt-Universität entlassen, nun steht er unter Hausarrest. Mit Havemanns Tochter Sibylle aber ist Wolf Biermann gerade liiert. Sibylle Havemann wiederum studiert in Jena, ist zuhause in der alternativen Szene. Und so schließt sich der Kreis: Der Liedermacher tauchte in letzter Zeit häufig in Jena auf, stets beobachtet von einem Großaufgebot der Staatssicherheit. Das Engagement der *„JG"* und der Jenaer „Szene" in Sachen Biermann ist besonders stark!

Drei Tage nach seinem ersten Konzert in Köln - Wolf Biermann sitzt gerade in einem Auto der IG Metall und fährt auf der Autobahn nach Bochum zu seinem nächsten Auftritt – hört er plötzlich im Autoradio während der Nachrichten eine Meldung, die seinen Atem stocken läßt: „Biermann ist ausgebürgert, er darf nicht in die DDR zurück!"
Was der geschockte Liedermacher nicht weiß: Die Machtclique um Erich Honecker hat seine Ausbürgerung schon seit Jahren geplant; jetzt scheint für sie der günstigste Moment gekommen...

An diesem Abend hält sich Doris Liebermann im Konvikt auf, einer schönen alten Villa, in der die Jenaer Theologie-Studenten wohnen:
„Und da sagte plötzlich einer am Abendbrottisch: ´Sie haben Biermann ausgebürgert!´ Der Satz traf uns alle wie ein Blitz!
Und mich besonders, denn mir wurde schlagartig klar, dass wohl jetzt auch Tommy Auerbach dran sein würde mit einer Verhaftung..."

Matthias Domaschk bei einem Spaziergang in Jena - Spätherbst 1976

Die Zwangsausbürgerung des bekanntesten deutschen Liedermachers löst weltweit eine Welle der Empörung aus.
Mit einem solchen Echo hatten die DDR-Funktionäre nicht gerechnet. Schriftsteller verfassen eine Protesterklärung, die mehr als hundert Künstler und Literaten der DDR unterzeichnen.

Und landesweit beginnen nun vor allem junge Leute, Unterschriften gegen die Biermann-Ausbürgerung zu sammeln - auch in Jena.

Matthias Domaschk und sein Freund Manfred Hildebrandt in Jena Ende 70-er Jahre

Die Ereignisse überschlagen sich. Am Donnerstag, dem 18. November 1976, kommen in den Räumen der *Jungen Gemeinde* Stadtmitte in der Johannisstraße die entsetzten *JG*-Mitglieder zusammen. Das einzige Thema des Abends: Wie reagieren wir auf die Ungeheuerlichkeit der Biermann-Ausbürgerung?
Am Abend zuvor hatte der Berliner Schriftsteller Jurek Becker in Jena gelesen und zum Schluss seiner Lesung offen zur Solidarität mit Biermann aufgerufen. Was für ein Mut! Nun sind sie dran, etwas zu tun! Viele sind an diesem Abend in die *JG* gekommen...

Doris Liebermann hat den Petitionstext mitgebracht:

„Jürgen Fuchs wohnte bereits bei Robert Havemann in Grünheide, in der Nähe von Berlin. Und der diktierte mir nun die Schriftsteller-Petition, der wir uns anschließen wollten, am Telephon! Ich habe den Text mitstenographiert und dann den Brief mit mehreren Durchschlägen auf meiner Erika-Schreibmaschine abgetippt. Ich war furchtbar aufgeregt - wie wir alle - und habe das Kohlepapier für die Durchschläge achtlos in den Papierkorb geworfen. Mir fehlte die konspirative Erfahrung. Die Staatssicherheit hat es dann später bei meiner Verhaftung als Beweismaterial eingesackt...“

In der *„JG“* brodelt es, als die Petition verlesen wird. Stadtjugendwart Thomas Auerbach koordiniert an diesem Abend das Zusammentreffen. Peter Rösch ist da, Matthias Domaschk und Renate Groß - hochschwanger und kurz vor der Entbindung stehend:

„Die Ausbürgerung Biermanns war das einzige Thema an diesem Abend. Wir hörten Lieder und Texte von ihm auf Tonband und unterschrieben die Schriftstellerresolution – mit Herzklopfen zwar, doch innerlich sicher.“

„Pfarrer Schilling war auch da“, ergänzt Doris Liebermann. *„Er war extra aus Braunsdorf angereist, um uns zu warnen. Und er warnte eindringlich: ´Wenn man einen Löwen in die Ecke treibt´, so ungefähr war sein Bild, ´dann greift er an!´. Er konnte uns aber nicht vom Unterschreiben abhalten, wir mussten es einfach tun!“*

58 Personen unterschreiben an diesem 18. November 1976 in der *JG* Stadtmitte die Protestresolution. Sie wissen, dass spontane Unterschriftensammlungen verboten sind - doch das hält sie nicht ab!

Als sie in dieser Nacht zu Bett gehen, ahnen sie nichts von dem, was sich über ihren schlafenden Häuptern zusammenbraut: Unter ihnen befindet sich ein Stasi-Spitzel - eingeschleust in ihren Freundeskreis. Dieser, der Inoffizielle Mitarbeiter Dietrich Große, trifft nach Mitternacht bei der Staatssicherheit ein, Kreisdienststelle Jena, um den Geheimdienst über die Unterschriftenaktion zu informieren...und über alle daran beteiligten Personen.
Beim Ministerium für Staatssicherheit herrscht daraufhin Großalarm - die Konterrevolution ist ausgebrochen!
Um 6 Uhr morgens beginnen die Verhaftungen.
Thomas Auerbach ist einer der ersten, bei dem die Staatssicherheit in Mannschaftsstärke anrückt.
Doch Auerbach ist nicht zuhause – er liegt bei seiner Freundin Doris Liebermann im Bett:

„Am Morgen des 19. Novembers klopfte es bei mir. Walter Schilling und seine Tochter Kathrin standen vor der Tür: ´Tommy, steh auf´, sagte Walter, ´die Stasi ist bei Dir in der Wohnung!´ Wie benommen standen wir auf, gingen zusammen mit Walter Schilling in Tommys Wohnung in der Gorki-Straße 1 - Tommy wohnte dort mit ein paar Freunden in einer Art Kirchen- WG.
Die Stasi hatte bereits die Tür zu seinem Zimmer aufgebrochen, im Beisein des Kreisstaatsanwaltes von Jena. Als wir ankamen, trugen sie gerade stapelweise Belastungsmaterial gegen ihn zusammen: Westbücher, Kirchen-Schriften, persönliche Briefe usw. Tommy protestierte, berief sich auf die Evangelische Kirche - vergeblich. Er wurde schließlich gepackt und brutal die Treppe hinuntergestoßen.
Es gab einen letzten Blickwechsel zwischen uns - ich fühlte, er würde nicht wiederkommen...“

Durch die ganze Stadt rollt die Verhaftungswelle – wer unterzeichnet hat, ist dran! So wie Thomas Auerbach, der für die Stasi zu den Rädelsführern zählt:

„Ich wurde am Vormittag des 19.November verhaftet und bis zum 20. November verhört, durchgehend. Ich bekam mit, dass sehr viele andere auch verhaftet worden waren. Am 20. November wurde mir dann der Haftbefehl mitgeteilt. In diesem Moment war man kein Mensch mehr. Man wurde in ein besonderes Zimmer geführt, dort standen fünf Herren in Uniform. Ich dachte: Nanu, was macht die Armee hier? Es waren aber Herren vom Staatssicherheitsdienst, wie ich später mitbekommen habe.
Dann begann die Prozedur, mit der man zum Nichtmenschen gemacht werden sollte: Man musste sich vor diesen Leuten nackt ausziehen, es wurde in alle Körperöffnungen gespäht, man hörte das Geräusch der Handschellen.
Wir wurden dann zu weiteren Verhören nach Rudolstadt transportiert. Ich wusste zu dieser Zeit noch nicht, wie viele Freunde von mir ebenfalls verhaftet waren...“

Doris wird einen Tag später abgeführt, nachdem die Stasi auch ihre Wohnung auf den Kopf gestellt hat:
„Es muss später Vormittag gewesen sein. An die ´Beweisstücke´ im Papierkorb hatte ich gar nicht mehr gedacht, ich war damals noch ohne jede konspirative Erfahrung. Ich kam vom Land und hatte 1976 noch kein Bewusstsein dafür, dass es ´verbrecherisch´ ist, gegen die Ausbürgerung eines DDR-Liedermachers zu protestieren.
Die große Bedrohung, die plötzlich über uns allen hing, die habe ich natürlich gespürt...“

Bilddokumentation d. Bezirksverwaltung für Staatssicherheit Gera, 1980 - "Freihofdurchführung"

Weil das Stasi-Gebäude von Jena bereits mit Verhafteten überfüllt ist, wird die Theologie-Studentin Liebermann ins Polizei-Gebäude von Jena gebracht und dort von der Stasi verhört:
„Tief ist in meiner Erinnerung geblieben, dass auf dem Flur laut Radio-Musik von Tschaikowsky lief und eine Frauenstimme dazu sagte: ´Dem Frieden die Freiheit´. Wahrscheinlich hatten sie die Musik so laut gedreht, damit man die Stimmen anderer Festgenommener hinter den Zimmertüren nicht identifizieren konnte.
Es war furchtbar. In der Nacht musste ich mich plötzlich gegenüber einer Treppe an die Wand stellen, es war im ersten oder zweiten Stock. Dann wurde einer aus unserer Gruppe die Treppe hochgebracht – es war Dietrich Große, der später als Stasispitzel enttarnt wurde!
Zwei Männer führten also Dietrich Große filmreif die Treppe hoch, sie hatten ihm zur Tarnung die Arme auf dem Rücken zusammengebunden. Er grinste blöd... aber warum, das wusste ich damals natürlich noch nicht. Ich hatte nur so ein merkwürdiges Gefühl, dass etwas nicht stimmt an diesem Bild und an seinem Gesichtsausdruck...

Irgendwann in der Nacht auf dem Polizeirevier wurde mir der Haftbefehl vorgelegt: Beihilfe zu einer Straftat, Paragraph 35 oder 36 oder so... In dieser Nacht meinte ich auch, Matthias Domaschk im Zimmer neben mir zu hören, als er laut gegen irgendwas protestierte. In den frühen Morgenstunden sperrten sie noch eine Freundin zu mir in den Raum, die war auch Theologie-Studentin. Wir saßen uns nun gegenüber an einem Tisch - durften aber nicht miteinander sprechen. Bewacht wurden wir von einem richtigen Schläger-Typen – das war ein Bulle, wie ich ihn noch nie in Jena gesehen hatte, mit einer großen Narbe quer über das Gesicht..."

Nach kurzer Zeit wird Doris Liebermann plötzlich entlassen. Ein Stasi-Mann teilt ihr mit, sie sei noch einmal mit einem blauen Auge davon gekommen:
„Nach welchen Kriterien sie letztlich entschieden, wer in Haft bleiben muss und wer entlassen wird, weiß ich nicht. Aber sie hatten einen perfiden Plan. Denn bald darauf sagte Dietrich Große – also, der Stasispitzel, der uns letztlich alle ins Gefängnis gebracht - in der JG: ´Warst du es, Doris, die uns verraten hat?´ Der Spitzel-Verdacht sollte auf mich fallen. Er verbreitete nun überall, er hätte gesehen, wie ich unbewacht im Flur der Polizei herumgestanden hätte. Üble Gerüchte verbreiten...die Falschen verdächtigen - das gehörte ja auch zu ihren Zersetzungsmethoden. Gottseidank glaubten mir die meisten, aber es war ziemlich belastend, plötzlich als Stasi-Spitzel verdächtigt zu werden. Dass er selbst der Stasi-Spitzel war, ist ja erst nach dem Mauerfall herausgekommen. Es schnürt mir immer noch die Kehle zu, wenn ich mich an diese Zeit erinnere..."

Bilddokumentation...Fortsetzung

Wanderung in die Umgebung von Jena - Doris Liebermann und Thomas Auerbach mit einer Freundin, 1975/76

Zu den Verhafteten gehört auch diesmal Peter Rösch. Und auch Matthias Domaschk und seine hochschwangere Freundin Renate Groß bleiben nicht verschont. Doch für sie gibt es noch einen kleinen Aufschub:

„Als wir von den ersten Verhaftungen erfuhren, meldete sich Matthias auf Arbeit krank: Wir begannen sofort in unserer Wohnung, Briefe zu schreiben - an andere DDR-Gruppen und bekannte Persönlichkeiten, um über die Verhaftungen zu informieren und um Hilfe zu bitten. Matz hat sich dann aufs Motorrad geschwungen und einige dieser Briefe aus der fast schon hermetisch abgeriegelten Stadt Jena herausgebracht. Inzwischen versammelten sich auch etliche Freunde bei uns in der Wohnung. An diesem Abend wurde aber im Westfernsehen das nun schon weltbekannte Biermann-Konzert von Köln übertragen. Das mussten wir unbedingt sehen - nur hatten wir keinen Fernseher! Also wollten wir zu Freunden gelangen, die einen hatten. Unten vor unserem Haus stand aber bereits eine 8-Mann-starke Beobachtungsgruppe der Staatssicherheit. Ich bin dann – Wehen simulierend und umringt von den anderen Frauen – in Richtung Frauenklinik gewankt...dahinter wohnten die Freunde, die den Fernseher besaßen.“

Millionen Deutsche im Westen erleben nun die Fernsehübertragung des legendären Biermann-Konzertes, das spätabends in der ARD ausgestrahlt wird.
Hunderttausende Fernsehzuschauer verfolgen es im Osten mit – heimlich, denn für sie ist Westsender-Sehen ist verboten.

Das dreistündige Konzert ist Stärkung und Atempause für Renate und Matthias. Denn am nächsten Tag – es fallen die ersten Schneeflocken dieses Winters – werden beide von der Staatssicherheit abgeholt.
Matthias schweigt bei den Verhören – so, wie er das von Jürgen Fuchs gelernt hat.
Was er nicht weiß: Seine kurz vor der Entbindung stehende Freundin wurde nach ein paar Stunden Verhör von der Stasi entlassen – sie fürchteten, dass ´die Schweinerei der Geburt´ (O-Ton Stasi) in ihrer Dienststelle losgeht.
Als er nach etlichen Verhörstunden noch immer nicht geredet hat, lässt sein Vernehmer – Oberleutnant Horst Köhler, dem Domaschk in seiner Todesstunde wiederbegegnen wird – draußen ein Tonband laufen, mit Frauenschreien...
Diese Schreie kommen aus Richtung des Raumes, in den mittags seine hochschwangere Freundin Renate gesteckt worden war.
Was machen sie mit ihr?
Kommt das Kind auf die Welt – hier, bei der Stasi?
Matthias verliert völlig die Nerven, er bricht innerlich zusammen, fängt an zu reden...

Als er am nächsten Morgen entlassen wird, trifft er auf Renate – sie hat noch immer einen dicken Bauch. Der Stasi-Offizier hat ihn böse hereingelegt. Matthias weiß jetzt, dass sie vor nichts zurückschrecken.

Während noch immer etliche Freunde in Haft sind, wird am 6. Dezember Julia geboren - die Tochter von Renate und Matthias.

Matthias Domaschk und Renate Groß beim Faschingsfest in der Jungen Gemeinde Jena Stadtmitte, Februar 1977

ZERSETZUNGSMASSNAHMEN

Mit einem Rundumschlag versucht die Staatsmacht, die aufmüpfige Jenaer „Szene“ zu schwächen: Mindestens fünfundvierzig Personen wurden im Zusammenhang mit der Biermann-Ausbürgerung verhaftet; weitere elf mussten Verhöre ertragen, die bis zu 72 Stunden dauerten. Insgesamt fünfzehn Wohnungen wurden mit Großaufgebot durchwühlt...
In der „Szene“ ging die Angst um - Belastendes verschwand überstürzt im Ofen, bevor es der Staatssicherheit in die Hände fiel.
Dennoch: Die Hausdurchsuchungen förderten „*umfangreiches Belastungsmaterial*“ zutage, wie die Stasi von Jena zufrieden notierte - Tonband-Kassetten... viele bespielt mit Biermann-Liedern, Notizbücher, Gedichte und reichlich Texte, die sich gegen „*die NVA und gesellschaftliche Organisationen in der DDR*“ richteten. Dazu „*staatsfeindliche Literatur*“ sowie „*umfangreiches Briefmaterial und Aufzeichnungen*“, aus denen „*zweifelsfrei die feindliche Einstellung*“ der Inhaftierten hervorging.

Mit den Biermann- und Havemann-Fans, den Träumern vom „*Prager Frühling*“, wurde jetzt aufgeräumt:
Zwischen Berlin und Grünheide verhaftete die Staatssicherheit den exmatrikulierten Psychologie-Studenten Jürgen Fuchs direkt aus dem Auto von Robert Havemann heraus und transportierte ihn in die Untersuchungshaftanstalt Berlin-Hohenschönhausen. Das gleiche Schicksal traf die mit Biermann befreundeten Musiker Gerulf Pannach und Christian Kunert von der *Klaus-Renft–Combo*; auch sie fanden sich plötzlich hinter den Gittern von Hohenschönhausen wieder.
Der Biermann-Protest erschütterte die Festen der DDR: Landesweit registrierte die Stasi „*Hetzflugblätter*“ und „*staatsfeindliche Schmierereien*“; mehr als hundert namenlose Biermann-Sympathisanten verschwanden so zusätzlich in den Gefängnissen der DDR. Klaus Renft traf die Genossen-Faust nicht mehr – der Rockmusiker hatte bereits Mitte 1976 das Land verlassen.

Stasi-Untersuchungshaftanstalt Gera

Und nun? Die Lähmung hält an. Von den in Jena Inhaftierten befinden sich zu Beginn des Jahres 1977 noch acht im Gewahrsam der Staatssicherheit – unter ihnen der Diakon Thomas Auerbach. Keiner ihrer Freunde und Verwandten hat zunächst irgendeine Nachricht erhalten, wo sich die Gefangenen befinden und wie es ihnen geht. Auch Doris Liebermann nicht:

„Nach und nach stellte sich heraus, dass acht der verhafteten Jenaer nicht wiedergekommen waren. Wir vermuteten sie in der U-Haft in Gera, in der Bezirksstadt. Wie konnten wir Kontakt zu ihnen kriegen? Wir packten Päckchen mit Zahnbürsten, Zahnpasta, Hautcreme, Schokolade und Zigaretten. Der Lebensgefährte von Kerstin Graf, einer der Verhafteten, und ich fuhren mit dem Zug nach Gera, um die Päckchen an der U-Haft Gera abzugeben. Dort wurden wir aber abgewiesen - wir bräuchten einen Paketschein, hieß es.
Dann haben wir die Päckchen mit der Post an die Adresse der U-Haft geschickt. Wir hatten im Umgang mit Inhaftierungen noch keinerlei Erfahrung.
Die Päckchen wurden nun allerdings nicht angenommen - wir mussten sie in Gera bei der Post persönlich wieder abholen. Die hämischen Kommentare der Geraer Postbeamten vergesse ich nicht, die hatten schon den Zynismus der Stasi übernommen...
Es hat ungefähr drei Monate gedauert, bis wir herausfanden, dass unsere acht Jenaer in der U-Haft Karl-Marx-Stadt saßen, weil die U-Haft Gera gerade umgebaut wurde.“

Doris Liebermann mit einer Freundin in Jena, 1977

Hilfe und Solidarität kommt aus dem Ausland, doch auch aus den eigenen Reihen:
„Sie war überwältigend, diese unerwartete Solidarität. Nie wieder habe ich in meinem Leben eine so große Solidarität erlebt wie in diesem Jahr, in dem ich noch in Jena war: Manchmal brachten mir bis dahin unbekannte Kommilitonen von irgendwoher Geld mit; sie hatten es in ihren entlegenen Gemeinden - im Erzgebirge oder sonstwo - für die Verhafteten gesammelt...“

Und Renate und Matthias?
Die beiden haben ein Baby, sind glückliche Eltern der kleinen Julia. Eltern zu sein, prägt nun ihren Alltag. Doch sie ziehen sich nicht zurück, sie gehen voller Kraft ins Jahr 1977: In der Sylvesternacht treffen sie sich mit anderen Mitgliedern der Jenaer Szene auf dem Marktplatz. Sie bilden einen Kreis um das Denkmal des Universitätsgründers und singen:
We shall overcome...
Ist das Lied verboten? Oder betreiben sie gerade wieder Gruppenbildung? Zwei Polizeiautos rasen mit hoher Geschwindigkeit um den Platz. Und irgendwann kommt eine Streife der sowjetischen Besatzerarmee über den Markt marschiert... hat die jemand geschickt? Renate, Matthias und ihre Freunde wollen sich nicht provozieren lassen: Sie nehmen die Männer einfach in ihre Mitte und verbrüdern sich sekttrinkend mit ihnen. Die Russen sind entwaffnet.

„Dass diese Zersetzungswelle das Ende all unserer Hoffnung war, das ist mir erst viel später klar geworden“, erinnert sich Renate Groß. *„Wir waren nun junge Eltern, und es war zugleich eine Zeit voller Aktionismus – ein Teil unserer Freunde war ja verhaftet. Und keiner wusste, wie es weitergeht. Wir mussten etwas tun, wir konnten das nicht einfach hinnehmen.*

Ich denke, das war gut, dass wir uns gerührt und gewehrt haben. Wären wir dagesessen und hätten wie die Kaninchen auf die Schlange gestarrt, hätten wir uns noch schlimmer gefühlt. Über politische Dinge haben wir jetzt kaum noch in Wohnungen gesprochen – wir haben sie mit auf unsere Spaziergänge in die Jenaer Berge genommen...“

Renate Groß mit ihrer Tochter Julia, Februar 1977

Matthias Domaschk mit seiner Tochter Julia, Februar 1977

Die DDR-Regierung steht plötzlich international unter Druck; sie versucht, die ganze Biermann-Geschichte herunterzuspielen: *„In der DDR kann von sogenannten Bürgerrechtlern keine Rede sein"*, erklärt Erich Honecker in einem Interview mit der „Saarbrücker Zeitung" vom 10.5.1977.
Es stimmt - eine breite Bürgerrechtsbewegung wie in Polen oder in der Tschechoslowakei existiert in der DDR schon lange nicht mehr. Doch versuchen schon wieder Zehntausende Bürger nach Unterzeichnung der KSZE-Schlußakte in Helsinki im Jahr 1975 durch die DDR-Regierung, ihre Menschenrechte geltend zu machen. Viele von ihnen pochen auf ihr Recht, aus der Staatsbürgerschaft der DDR entlassen zu werden, um in die Bundesrepublik Deutschland übersiedeln zu können.

Und neben den Ausreisewilligen gibt es Bürgerrechtler, die nicht emigrieren wollen: Sie halten die DDR für reformierbar und tun selbst alles dafür, einen solchen Wandel herbeizuführen. Sie verteilen sich über die gesamte DDR - und eine große Gruppe davon lebt im thüringischen Jena.

Auf diese Dableiber-Szene reagieren Partei und Staatssicherheit allergisch:
„Operative Vorgänge" der Staatssicherheit zur Zersetzung sind 1977 bereits für die meisten von ihnen angelegt, ohne dass die jungen Leute davon etwas bemerkt hätten. Systematischer nun werden sie beobachtet und bekämpft. Zum Einsatz kommen Abhörtechnik und konspirative Wohnungsdurchsuchungen.
Das Ministerium für Staatssicherheit streut vergiftende Gerüchte und spielt Inoffizielle Mitarbeiter (IM) an sie heran, die sich ins Vertrauen der ahnungslosen und offenen jungen Leute schleichen. Und es organisiert ihren beruflichen und gesellschaftlichen Mißerfolg:

Matthias Domaschk wird vier Wochen vor den mündlichen Prüfungen aus der Abiturklasse relegiert – wegen „gesellschaftlicher Unreife“. Er wollte Geodäsie studieren!
Doch wird ihm nun sein Engagement bei der Unterschriftensammlung zum Verhängnis: Domaschk darf seine Lehre als Feinmechaniker beenden, doch an einen Studienplatz ist nicht mehr zu denken.

Roland Jahn, Student der Wirtschaftswissenschaften, hat nach der Biermann-Ausbürgerung in einem *Wissenschaftlichen Kommunismus* – Seminar die Ausbürgerung Biermanns kritisiert...ein eifriger Student aber hat seine Worte protokolliert. Jahn wird nun zur Universitätsleitung zitiert, wo man ihm mitteilt, er sei als zukünftiger Akademiker nicht mehr tragbar.
Bekommt er Hilfe von seinen Mitstudenten?
Im Gegenteil: Im Namen des Studentenkollektivs fordert der FDJ-Sekretär den Rauswurf Jahns. Im Februar 1977 fliegt er von der Universität; sein Studienverbot gilt für alle Universitäten der DDR. Der Renegat muss zur „Bewährung in die Produktion“ und wird Transportarbeiter bei *Zeiss Jena.*

Peter Rösch gehört bereits zur Arbeiterklasse, er ist noch immer Feinmechaniker in einem Forschungsinstitut der Jenaer Universität:
„Und mein Chef in diesem Institut, der war schon HJ-Führer bei den Nazis gewesen, und nun war er in der SED und als IM bei der Stasi, wie sich nach der Wende herausgestellt hat. Also, nach der Biermann-Ausbürgerung und meinem Protest dagegen hat der zu mir gesagt:
´Weißte, Peter, das Beste für unser Kollektiv ist: Du holst Dir ´ne Wäscheleine vom Schrank und hängst Dich auf!´
Das war ja die Zeit, in der es darum ging, ob ich ins Gefängnis komme oder nicht, mir ging es psychisch sowieso nicht so gut. Aber das hat mir den Rest gegeben.“

Zersetzt werden soll auch Siegfried Reiprich. Nach inquisitionsartigen Verhören an der Sektion für marxistisch-leninistische Philosophie war der Student bereits im Jahr zuvor von der Universität exmatrikuliert worden, wegen „Skeptischem Existenzialismus“ und der „Bildung einer eigenständigen konterrevolutionären Plattform“. Auch Reiprich soll sich „in der Produktion bewähren“ – dafür bekam er einen Arbeitsplatz in der Rohrhütte des Glaswerkes *Jena Schott*:

„Ich wurde also in die herrschende Klasse hinabgestoßen: Staub, Lärm und Hitze sorgten für eine beginnende Schwerhörigkeit und erste Anzeichen von Silikose . In der Abendschule legte ich meine Facharbeiterprüfung ab, die ich mit Auszeichnung bestand. Der Kursleiter, ein Ingenieur, wollte mir daraufhin eine höherqualifizierte Arbeit in einer anspruchsvollen Abteilung besorgen – den Plan aber hat der Kaderleiter, der der Staatssicherheit zuarbeitete, torpediert: ´Reiprich soll froh sein, wenn er mit ´ner Schaufel arbeiten darf!´ hat der gesagt und mich in die linientreue Brigade ´Roter Oktober´ verfrachtet. Das war die Glasschneiderei. Die Arbeitsbedingungen waren auch hier vorsintflutlich, einmal habe ich mir den Finger halb abgeschnitten. Der ´Rote Oktober´, das war wirklich eine besonders rote Truppe. Dennoch hat sich keiner der Kollegen dazu hergegeben, mich zu bespitzeln – das belegen heute die Stasi-Akten!“*

* Silikose = Staub-Lunge mit eingeschleimten Glasbröckchen

Brigade "Roter Oktober", Jena 1977 (Hintere Reihe, 5.v.l. S. Reiprich)

Mit dem geexten Studenten hat die Staatssicherheit noch Übleres vor – Reiprich soll durch eine Rufmord-Kampagne „zersetzt" werden. Denn auch er hat gegen die Biermann-Ausbürgerung protestiert, hatte unter seinen Kollegen in der Rohrhütte Unterschriften gesammelt. Doch im Unterschied zu fast all seinen Freunden wurde er nicht verhaftet! Auf ihn soll – wie schon zuvor auf die Theologiestudentin Doris Liebermann – der Verdacht fallen, er sei ein Stasispitzel. Geplant ist sogar eine Photomontage, auf der Reiprich neben einem in Jena bekannten Mitarbeiter des MfS zu sehen ist; geplant ist, manipulierte Photos dieser Art gezielt in der „Szene" zu streuen, um einzelne zu isolieren. Auch, wenn am Ende auf die Steigerung der Photomontage verzichtet wird, funktioniert die Zersetzungsmethode: Bei etlichen in der Jenaer „Szene" gerät Reiprich in Spitzelverdacht – wieso ist der nicht verhaftet worden?
Gegen die tatsächlichen Spitzel dagegen hegt kaum jemand Verdacht.

Nein, sie werden sich nicht einschüchtern lassen, die nun schon sehr politisierten jungen Leute aus Thüringen - Roland Jahn nicht, Siegfried Reiprich nicht, Doris Liebermann und Peter Rösch nicht, auch nicht Renate Groß und Matthias Domaschk. Sie werden Widerstand üben, jetzt gerade! Vor allem ihre verhafteten Freunde müssen endlich frei kommen! Sie organisieren in der DDR und über das Westberliner Unterstützerkomitee Geld, um die Anwaltskosten für die Inhaftierten bezahlen zu können.
Matthias Domaschk und Renate Groß fahren über Pfingsten 1977 mit dem Motorrad nach Prag – sie wollen über die Geschehnisse in Jena informieren! So konspirativ wie möglich stoßen sie zu Mitgliedern der Charta 77 vor, einer tschechoslowakischen Bürgerrechtsbewegung, die bereits mit hoher Effizienz die Einhaltung von Menschenrechten in ihrem Heimatland einklagt. Tagelang berichten sie von den Ereignissen in Jena; gemeinsam mit den tschechischen Freunden verfassen sie dazu ein Charta-Dokument. Renate und Matthias fühlen sich unbeobachtet - doch die Staatssicherheit ist über diese Reise informiert...

Renate Groß und Matthias Domaschk bei einem Ausflug nach Bad Frankenhausen, März 1977

Ein neuer Lesekreis müsste aufgebaut werden – und eine neue Bibliothek. Denn bei den Hausdurchsuchungen nach der Biermann-Ausbürgerung wurde auch die von Matthias Domaschk und Renate Groß heimlich und sehr mühsam aufgebaute Bibliothek beschlagnahmt. Sie befand sich, versteckt in einem alten Haus, in der Obhut von Matthias – ein Schatz, der jetzt schwer zu ersetzen ist.
Die Idee mit der konspirativen Bibliothek war Matz gekommen, als seine Freundin Renate eines Tages mit einem Rucksack verbotener Bücher aus Berlin zurück kam:

„Die hatte ich von einem Freund aus Westberlin. Und in die DDR geschmuggelt haben wir sie folgendermaßen: Der Freund und ich, wir trafen uns auf dem Ostbahnhof in Berlin (Ost) – da hielt der internationale Zug auf seiner Durchfahrt von Berlin-Zoo (West) nach Warschau. Der Freund hatte ein Ticket nach Warschau und einen ganz unauffälligen Allerweltsrucksack – den gleichen hatte er mir eine Woche zuvor bei einem Besuch mitgebracht.
Während also der Zug hielt, stieg der Westberliner Freund aus und stellte seinen Rucksack, der voller Bücher war, neben sich. Er band sich die Schuhe zu, um sich dann irgendwas am Kiosk zu kaufen. Ich stellte nun meinen Rucksack – der war voller alter DDR-Zeitungen – auch ab, um leere Flaschen aus den Mülleimern zu suchen (von derem Verkauf lebte ich oft die Woche vor dem nächsten Stipendium).
Dann nahm der Freund seinen... nein, meinen Rucksack auf und stieg wieder in den Zug ein. Ich wiederum nahm seinen Rucksack und schlug noch ein paar Haken,um aus dem Sichtfeld der Bahnpolizei zu kommen. Es hat geklappt!“

Matthias Domaschk und Peter Rösch (re.) auf einer Fete in der Jenaer "Szene"

Vielleicht kam Matthias die Idee mit der konspirativen Bibliothek auch, weil seine Mutter gerade in der Bibliothek der Theologischen Fakultät der Uni Jena zu arbeiten begonnen hatte: *„Er versteckte die Bücher und erfand ein System der umlaufenden Ausleihe. Das hat funktioniert. Bücher waren für uns in der DDR Eingeschlossene unverzichtbar. Doch bei der Verhaftungswelle hat die Stasi sie gefunden, nach langem Suchen...“*

LESEN

Viel wird in der DDR gelesen und gern - das Lesen ist ein Ersatz für die fehlende Möglichkeit, die Welt selbst kennenzulernen. Ins Buch vertieft, kann man seine Gedanken spielen lassen – ohne irgendeine staatliche Kontrolle.
Und Bücher sind preiswert. In den Städten gibt es ein dichtes Netz öffentlicher Bibliotheken, über die Dörfer fahren Bibliotheksbusse. Man kann alles lesen, solange es nicht sozialismuskritisch ist und zu geistiger Unabhängigkeit aufruft - eine solche Lektüre steht auf dem Index, wird gar nicht erst gedruckt.

Es wird streng überwacht, was das Volk liest. In jedem Bezirk der DDR gibt es eine Abteilung für Literaturvertrieb und Propaganda... die gegebenenfalls bedauert, dass das Papierkontingent zu knapp ausfällt, um ein besonders begehrtes Buch ausreichend in den Handel zu bringen. Für DDR-verherrlichende Bücher gibt es jeweils ein großes Papierkontingent.
Und die Buchläden?

Gesamtausgaben von Marx & Engels und Lenin stauben in vorderster Front vor sich hin. Die DDR-Bürger sind schlecht über internationale Literatur informiert. Es fehlt an Devisen für Lizenzgebühren, auch ist die Auswahl äußerst einseitig: Eingekauft werden vor allem den Kommunismus lobende Autoren; demokratisch gesonnene Schriftsteller dagegen bleiben meist dem DDR-Leser vorenthalten. Diese jahrzehntelange Praxis hat zur Folge, dass die DDR-Leser einen Teil der Weltliteratur erst nach dem Mauerbau kennenlernen.

Renate Groß und Matthias Domaschk bei ihrem Ausflug nach Bad Frankenhausen, März 1977

Matthias Domaschk in Jena

Und dann gibt es eben noch die heiße, die verbotene Literatur – solche, die Renate Groß in ihrem Rucksack mitbringt. Es sind diejenigen Bücher, in denen die DDR-Dissidenten besonders die Themen wiederfinden, die sie auch selbst betreffen: Alexander Solschenizyns „GULAG“ -Bücher sind darunter, Wolfgang Leonhards *Die Revolution entlässt ihre Kinder*, George Orwells *1984* und *Farm der Tiere* – Bücher, die als „besonders gefährliches geistiges Gift“ gelten ...denn *Gedankenpolizei* oder *Zwei-Minuten-Hass-Sendungen* erinnern allzu sehr an die DDR-Realität. Das Lesen derartiger Bücher gilt als kriminell und wird politisch oder gar juristisch verfolgt. In der geheimen Bibliothek von Matthias Domaschk befanden sich auch die Gedichte von Reiner Kunze, die Liedtexte von Gerulf Pannach...

Es muss weitergehen! Siegfried Reiprich beginnt, auf einer von der Stasi nicht registrierten Schreibmaschine nun ganze Bücher abzutippen, darunter Rudolf Bahros *Die Alternative*. Matthias Domaschk besorgt ein tschechisches Gerät zur Photoentwicklung: Er vervielfältigt verbotene Bücher und konspirative Texte und verbreitet sie illegal weiter. Nein, sie werden sich nicht unterkriegen lassen - doch nun muss alles extrem konspirativ geschehen. Nachts trocknen bei Matz und Renate die Dokumentenpapiere zwischen den Windeln in der Küche.

Im Sommer 1977 setzt Renate Groß nach der Geburt der Tochter Julia ihr Vikariat als angehende Pastorin in Nöbdenitz fort, einem thüringischen Dorf in der Nähe von Gera. Es könnte sich allmählich alles zum Guten wenden. Doch nun folgt der nächste Rundumschlag:

Seit Monaten schon befindet sich Jena in den Schlagzeilen westdeutscher Medien: Über die abgeschottete DDR hinaus war eine große Unterstützungswelle angerollt! Das Hilfskomitee in West-Berlin hat auf einer internationalen Pressekonferenz mit mehr als 200 Journalisten über die verhafteten Oppositionellen in der DDR informiert und um Solidarität gebeten. Über hundert Schriftsteller und Künstler haben sich angeschlossen – darunter berühmte Persönlichkeiten wie Heinrich Böll, Friedrich Dürrenmatt und Romy Schneider, Yves Montand, Max Frisch und Hans Magnus Enzensberger...
Damit haben die DDR-Bonzen nicht gerechnet. Sie beschließen jene Lösung, zu der sie schon bei Biermann griffen:
Jürgen Fuchs - seit neun Monaten in Hohenschönhausen inhaftiert und von der Stasi als einer ihrer gefährlichsten Gegner eingeschätzt – wird im August 1977 gegen seinen Willen in den Westen abgeschoben, nach extremen Schikanen gegenüber seiner Frau und seiner kleinen Tochter.

Reiner Kunze, 1977...während der letzten Wochen seines DDR-Daseins

In den Westen abgeschoben werden auch Gerulf Pannach und Christian Kunert, die ebenfalls ein Dreivierteljahr in Stasi-Haft saßen.

Und was ist mit den acht Jenaer Inhaftierten, die in Karl-Marx-Stadt sitzen?
„Mit uns haben sie es genauso gemacht“, erinnert sich der Diakon Thomas Auerbach. *„Wir wurden von Karl-Marx-Stadt nach Gera verbracht, in die eigentlich für uns zuständige Stasi-Untersuchungshaftanstalt. Dort liefen dann die Erpressungsversuche. Wir waren uns erklärtermaßen einig – das war schon vor der Haft so – dass wir nicht nach Westdeutschland wollten. Diese Erpressungsversuche mit Drogen und allem möglichen liefen über mehrere Wochen. Mir hat man dann sehr konkret gesagt: ´Bei Ihnen werden es zwölf Jahre Höchststrafe - ´Staatsfeindliche Hetze´ und ´Staatsfeindliche Gruppenbildung im besonders schweren Fall: Organisation und Leitung einer staatsfeindlichen Gruppe!´ Wir können uns auf neun Jahre einigen, dann sind Sie ein gebrochener Mann, dafür sorgen wir! Oder Sie erklären sich einverstanden, nach West-Berlin gebracht zu werden...´ "*

Sieben der acht inhaftierten Jenaer werden Anfang September 1977 nach West-Berlin abgeschoben.
Im Dezember dürfen einige ihrer Angehörigen ihnen nachreisen – darunter auch Doris Liebermann, die Freundin von Thomas Auerbach.
Die Zurückbleibenden haben das Gefühl, in ein tiefes Loch zu fallen.
Doch auch sie bleiben nicht verschont:
Im Oktober 1977 wird Matthias Domaschk der Einberufungsbefehl für die Armee zugestellt!
Er steht völlig benommen, fühlt sich plötzlich einsam. Verse des vor einem Jahr aus dem Land gedrängten Dichters Reiner Kunze mögen ihm in diesem Moment einfallen:

Du hast noch den Tag
unter Freunden verbracht,
du hast noch den Abend
mit ihnen gelacht,
da gehst du die Runde
und wünschst gute Nacht
und mußt
in die sternstille Stunde.

Christian Kunert, Gerulf Pannach, Wolf Biermann und Jürgen Fuchs (v.l.)
1977 in West-Berlin

ARMEE – DIE BESTE SCHULE DER NAZION

Seit November 1977 ist Matthias Domaschk Soldat bei der NVA, der verhassten und gefürchteten DDR-Armee. Natürlich wollte er nicht zur ´Fahne´, und diese Ablehnung teilt er mit allen seinen Freunden. Doch dann lag die Einberufung auf dem Tisch...
Als er sich von seinen langen Haaren trennen musste, fühlte er sich hilflos und kahl, auch innerlich. Warum hat er nicht wenigstens den Dienst mit der Waffe verweigert - in einer Armee, die nicht den Frieden verteidigt, sondern ein Unterdrückungssystem stabilisiert? Peter Rösch, der kurz nach Matthias den Einberufungsbefehl erhält, kann die Motive seines Freundes wenigstens teilweise nachvollziehen:
„Matz hatte sich entschieden, den regulären Wehrdienst zu absolvieren. Er wollte ja noch studieren – was in der DDR aussichtslos war, wenn du den Dienst an der Waffe verweigert hast. Bei ihm kam dazu, dass sein Vater Auslandskader war, der durfte als Ingenieur gerade nach Algerien fahren – und Matz wollte ihm das nicht versauen, denn in der DDR herrschte ja Sippenhaft.
Vielleicht hat er sich deshalb die drohende Armeezeit erstmal ein bisschen schön geredet: Er hat gedacht, er kann – wenn er erstmal in der Kompanie ist - mit seinem Wissen, seinen Gedanken und seiner Menschlichkeit die Armee verändern... also die Kameraden, mit denen er dort anderthalb Jahre zusammen sein wird.
Als es dann wirklich los ging, hat ihn die Realität allerdings unbarmherzig eingeholt...“

Matthias Domaschk ist in einer besonders brutalen Einheit gelandet – bei den Panzerschützen in Torgelow. Es sind Schleiferkasernen um das Oderhaff herum, die in der ganzen DDR berüchtigt sind.
Der Drill von Torgelow/Eggesin findet sich im Briefwechsel mit seinem Jenaer Freund Heppe wieder, der zu den noch nicht Eingezogenen gehört:

FAHNENEID DER NATIONALEN VOLKSARMEE

ICH SCHWÖRE:
Der Deutschen Demokratischen Republik, meinem Vaterland, allzeit treu zu dienen und sie auf Befehl der Arbeiter-und-Bauern-Regierung gegen jeden Feind zu schützen.

ICH SCHWÖRE:
An der Seite der Sowjetarmee und der Armeen der mit uns verbündeten sozialistischen Länder als Soldat der Nationalen Volksarmee jederzeit bereit zu sein, den Sozialismus gegen alle Feinde zu verteidigen und mein Leben zur Erringung des Sieges einzusetzen.

ICH SCHWÖRE:
Ein ehrlicher, tapferer, disziplinierter und wachsamer Soldat zu sein, den militärischen Vorgesetzten unbedingten Gehorsam zu leisten, die Befehle mit aller Entschlossenheit zu erfüllen und die militärischen und staatlichen Geheimnisse immer streng zu wahren.

ICH SCHWÖRE:
Die militärischen Kenntnisse gewissenhaft zu erwerben, die militärischen Vorschriften zu erfüllen und immer und überall die Ehre unserer Republik und ihrer Nationalen Volksarmee zu wahren.

Sollte ich jemals diesen meinen feierlichen Fahneneid verletzen, so möge mich die harte Strafe der Gesetze unserer Republik und die Verachtung des werktätigen Volkes treffen.

22.1.78
(warum nicht endlich 79 ????!)

hallo heppe !
(...) jetzt sitzen wir mal wieder im feldlager - wie lange der spass dauern soll, weiss keiner so genau. positiv ist hier nur, dass fast jeden abend einer etwas aus dem nächsten dorf zu trinken besorgt. ansonsten kann man hier überhaupt nichts mehr tun.
draußen ist es tierisch kalt (wir liegen direkt am oderhaff), also sitzt du im zelt und bist damit beschäftigt, laufend den ofen zu heizen. zu lesen habe ich zwar reichlich mit, aber da wird man auch laufend gestört (lesen wird hier nicht akzeptiert, im gegensatz zum fernsehen – lesen mache dumm und frech).

so,und jetzt in diesem augenblick ist auch noch mein sonntag nachmittag geplatzt. wir dürfen jetzt losfahren und kohlen holen. Das einzig positive an der sache ist nur, dass ich diesen kurzen brief selber einstecken kann.
wenn du mir die kassetten schicken könntest, das wäre ganz klasse. ihr müsst sie aber gut im paket tarnen (zigaretten od. gebäck). ich glaube schon, euch wird da etwas einfallen (private musik ist verboten).
wenn du 4 kassetten hast, bespiele bitte eine mit Door´s
„ „ Pink Floyd + Yes
“ “ Jethro Tull
“ “ Janis Joplin

(ich schäme mich richtig – scheiß bestellerei). übrigens, wenn du schon dabei bist, schmuggle noch den „schwarzen Mann“ von „MEO“ irgendwo an den anfang.
so heppe, jetzt muss ich los.
sei nicht traurig, der nächste brief wird wieder besser.
lotta c.
matz
(ich mache auch keine dummheiten)

ps: schicke mir bitte das liebesgedicht,
das du mir vorgelesen hast
bis
bald

Postenpaar, Ölgemälde von Walter Womacka, 1965

Als Matthias Domaschk seinem Freund Heppe am 28. 2.78 erneut einen Brief schreibt, hat er noch 422 Tage zu dienen – eine unerträglich lange Zeit:

hallo heppe !

ich sitze hier oben auf meinem bett und rauche eine karo nach der anderen, um mich wenigstens etwas munterhalten zu können. der tisch ist besetzt, von 4 mann, die wie die wilden doppelkopf spielen (das bild wird sich in den nächsten 4 stunden auch kaum ändern).
ich bin ein bisschen übermüdet, da wir seit 2 wochen jeden zweiten tag 24 h wache stehen „dürfen". und da domaschk es „braucht", darf er auch an wochenenden bzw. morgen, wo wir auch frei hätten.
(...)
was das SUCHEN – sich selbst suchen – betrifft, kann ich schon einigermaßen nachvollziehen, wie das ist. diese suche beschäftigt mich auch, und zwar konkret, seit ich hier bin. vorher natürlich auch, aber wenn man dann zwischen zwei mühlsteinen sitzt, muss man sich entscheiden: entweder man lässt sich auch zu mehl verarbeiten und kommt in die großen säcke, oder man sucht nach dem ausweg. und diesen weg (ausweg ist eigentlich falsch) habe ich noch lange nicht gefunden. das traumbild ist so ein hesse-kafka gemisch, mit dem auftreten von einem wallrafftypen in einheitsfront mit ulrike meinhoff. das einzige was auf keinen fall zutrifft, ist ein show-intellektueller.
(...)
ach, schreibe heute doch bloß scheiße, ich bin irgendwie zu kaputt. ich möchte gerne mal wieder wandern gehen können. einfach laufen durch einen wald, blumen sehen und vögel hören können (unbeengt durch eine kluft). die letzten zwei nächte auf wache waren relativ warm und schön, bloß mit einer knarre auf dem kreuz kommt man schlecht dazu, ruhe zu finden, um sich gedanken zu machen. man kann bestenfalls von noch ! viel zu weit entfernten zeiten träumen.
(...)
so, jetzt bin ich wieder etwas munter und zittere bald vor wut. ich habe mich gerade mit einem angesoffenen offizier vollgebrüllt, wegen einer schikane – revierreinigung. Man will uns jetzt mal zeigen, wie man einen soldaten in der freizeit beschäftigen kann. grund: letzten sonnabend waren fast alle kapos und soldaten total in den fängen könig alkohols...
vorgestern war ich mal kurz in unserem buchladen und habe auch gleich etwas gekauft

-	*hemingway*	*- der alte mann und das meer.reclam*
-	*--- „ ---*	*- 49 stories*
-	*gerhard wolf*	*- der arme hölderlin*
-	*kafka*	*- erzählungen !!*
-	*ovid*	*- die liebeskunst.reclam*

so heppe, das soll´s erstmal gewesen sein.
bis bald (hoffentlich noch april)
matz

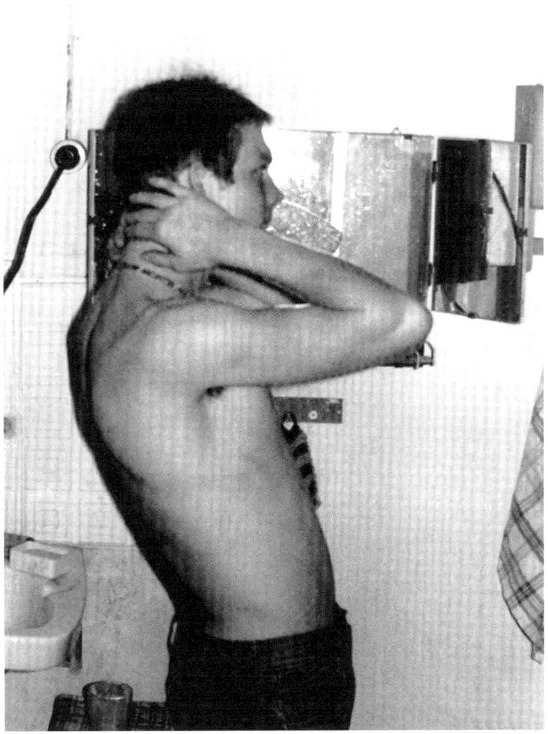

Matthias Domaschk,
einen Tag vor seiner Einberufung zum Wehrdienst

15.3.78

hallo, heppe !
(...)
ich will dir nicht auf den geist gehen, ich habe mal wieder was probiert – vielleicht nur, um irgendetwas luft zu machen.

Ruhe die ich suche
und nicht finden kann
in meinen gedanken

Ruhe die ich finde
im lautlos fallenden schnee
oder einer warmen sommernacht

beides brauche ich

Leben

Heppe (Klaus-Dieter Siegel),
der Brieffreund von Matz Domaschk

frühlingsanfang

geschafft, heppe – diese hässliche übung ist vorbei und jetzt liegt nur noch eine zeit relativ tatenlosen wartens vor mir – erst einmal (so hoffe ich) bis zum nächsten wochenende (1./2.4.), da ich momentan doch noch chancen habe, urlaub zu bekommen.
ja, diese übung – sie hat mir einige sachen gebracht, die ich wohl nicht so schnell vergessen kann und darf (vergessen als vorstufe zur zufrieden nörgelnden gleichgültigkeit). ein soldat verschwand am 2. übungsabend (nacht) mit voller ausrüstung (m-pi usw.). 2 ½ tage später „durften" wir dann suchen – großfahndung – verdacht auf fahnenflucht – (r-flucht). so zogen denn mehrere hundert mann durch den wald, in 5 m abstand. das ganze hinterließ den eindruck einer treibjagd in mir, und nach den zahlreichen äußerungen von vorgesetzten und gleichgestellten war das, was wir da jagten, ´freiwild geringer menschlicher qualität´.
mir läuft es eiskalt den rücken herunter, wenn ich daran denke, was für tolle äußerungen die leute sehen und hören ließen. es gab keinen, mit dem ich geredet habe, der sich fragte, wieso und warum einer auf einmal mitten in der nacht türmt (ich weiß auch nicht den wahren grund, da ich den jungen nicht kannte). gefunden hat man ihn dann nach knapp einer woche – an einem baum hängend.
irgendwie ist mir die sache dermaßen unter die haut gefahren, dass ich mich frage, ob ich das ganze nicht irgendwie mal aufschreibe – um es nicht zu vergessen und um es zu verarbeiten.

in hoffnung auf baldigst kommende
bessere zeiten
matz

Manöver der Landstreitkräfte der NVA, Juni 1978

6.4.78

hallo heppe !

ich habe zur zeit ein ziemliches tief, deshalb fällt es mir auch ganz schön schwer zu schreiben. ich möchte mich am liebsten zurückziehen, nur ruhe haben, um die ekelhaften gesichter und das benehmen dieser vertreter einer sozialistischen armee nicht mehr sehen zu müssen. was man hier erlebt, ist ungeheuerlich – gruslig. und da man so gut wie nichts machen kann, verzweifelt man daran immer mehr.
(...)
an einem wochenende hatten wir wieder mal wache. herrlichstes wetter,ruhig (ich habe sehr gelesen). aber nachts kamen dann ´ne menge leute in den knast (ca. 12). grund: alk usw.
es war sogar noch lustig, die leute haben gesungen bis früh um 2.00 (glory glory hallejulia) und unser wachoffizier hat getobt. es ist nicht erlaubt, im knast zu singen.
am nächsten tag sollten die „knaster" dann 200 zentner kohlen umsetzen. und dann kam der absolute hammer: die 200 zentner sollten sie mit den händen wegschaufeln. sie haben sich natürlich geweigert. die antwort darauf war dann, dass zwei posten mit MPi sie dazu bringen sollten. doch die posten haben auch nicht dergleichen getan. es folgten dann noch so einige schweinereien, mir ist regelrecht schlecht geworden vor wut. das ganze gipfelte dann darin, daß ein offizier die pistole zog und in die luft schoss und einen soldaten vor sich her durch den dreck robben ließ. e k e l h a f t !
und so etwas wagt sich dann noch als vertreter der AK und des soz. zu bezeichnen.*
ich weiß nicht, was ich noch schreiben soll, ich kann diese geschichte einfach nicht verkraften und musste sie einmal jemandem außenstehenden mitteilen. ich glaube auch nicht, dass sich so etwas überhaupt (jemand) vorstellen kann.

armee – die beste schule der nazion –
im prinzip flüchte ich mich auch nur in eine eigene welt, indem ich wie ein verrückter lese, bloß ständig bietet das auch keine alternative. ich brauche bald mal urlaub, sonst drehe ich hier noch total durch...

Matz

Soldatischer Alltag

* = Arbeiterklasse

Matthias Domaschk hat Sehnsucht nach seiner kleinen Tochter Julia. Er sehnt sich nach Zärtlichkeit und einer Welt jenseits von Waffen und Uniform, Schikanen und stinkenden Männersocken. Und er vermisst die Gespräche mit Renate, obwohl sie nicht mehr als Mann und Frau zusammen gehören.
Wie geht es ihr, wie dem gemeinsamen Kind? Matthias und Renate stehen über einen befreundeten Eggesiner Pfarrer im Briefwechsel, so können sie offener schreiben. Die Post wandert von der Welt des Militärs in die des Zivils und wieder zurück. Es ist ein intensiver Briefwechsel, wie Renate Groß sich erinnert:
„Oft habe ich mir abends, wenn Julia schlief, eine schöne Platte aufgelegt, einen Tee gekocht und an Matz geschrieben, zumindest am Anfang recht häufig. Denn alles, was wir miteinander erlebt haben, hatte uns für immer verbunden - das blieb auch so, als sich unsere Beziehung in eine Freundschaft verwandelte.
Ich erinnere seine Armee-Briefe als sehr frustriert, bitter-sarkastisch, manchmal auch liebevoll-romantisch. Oft hat er ein Gedicht angehängt. Leider war es mir nicht möglich, ihn dort oben am Oderhaff zu besuchen: Anfang 1978 kam ich nach Eisenach zum großen Kurs meiner Vikarsausbildung – da war ich mit meiner kleinen Julia gut aufgehoben, weil sich dort auch andere um das Kind mit kümmerten. Doch es gab ein strenges Kursprogramm, das uns nicht viel Freizeit ließ...“

Dennoch verbringen die beiden manchen der seltenen Urlaubstage gemeinsam. Sie gehen dann mit Julia spazieren, um die sich der junge Vater liebevoll kümmert. Doch beide spüren: Der Abstand vergrößert sich zwischen ihnen...
Auch bei seinem Freund Heppe tankt Matthias im Urlaub auf, hier drehen sich die Gespräche vor allem um Bücher und Schallplatten:

Julia auf dem Dienst-Trabant ihrer Mutter

Matz Domaschk mit Julia während eines Armee-Urlaubs

hallo heppe !

heute vor einer woche, das war...das war verdammt schön.
zumindest für mich.
dafür waren die letzten tage hier ganz schön bescheuert, ich habe mich laufend mit irgend so einem idioten herumgestritten. ich konnte einfach nicht anders, diese sinnlositäten kann man sich wirklich nicht ewig still und ruhig mit ansehen und anhören.
na ja, der terror ging schon montag vormittag los, wo mich mein chef fragte, ob mir irgendetwas keinen spaß machen würde, worauf ich genau so ironisch antwortete, daß mir natürlich einiges keinen spaß machen würde.
das war ja schon wieder zu viel, das ganze gipfelte dann am donnerstag in einer aussprache, ich konnte bald nicht mehr – entweder hätte ich mich totgelacht oder die beherrschung total verloren. Ich soll bestraft werden, da mir die boshaftigkeit und unlust aus den augen quellen würde, lustig nicht. hier lachen sich alle schon tot in der vorfreude auf die bestrafung (ich mich übrigens auch); vielleicht schafft man jetzt extra wegen mir eine vorschrift, wonach im dienst stets zu lächeln ist und man die mundwinkel nicht spöttisch herunterziehen sowie die stirn nicht kräuseln darf...

gegen wen ich denke? gegen die, die
es mir verbieten.
Stanislaw Jerzy Lec

(...)

erstmal schluss für heute
ganz liebe grüße an euch alle
matz

nach liebe fragen kann ich nicht
nach schönheit fragen will ich nicht
aber nach unserem leben
denn es ist liebe und schönheit
4.6.78

Mit Peter Rösch, seinem engsten Freund, kann sich Matz Domaschk derzeit nicht treffen. Denn auch Peter Rösch hat es erwischt: Anfang 1978 musste auch er bei der NVA einrücken!
Doch Rösch verweigert den Dienst an der Waffe – er wird Bausoldat. Das bedeutet extreme Benachteiligung: Kaum ein Bausoldat bekommt jemals einen Studienplatz, sie haben keinerlei Aufstiegschancen in der Gesellschaft. Und wenn sie einrücken, bekommen sie den ganzen Hass der sozialistischen Militärs zu spüren. So, wie Peter Rösch:

„Die ersten Wochen waren wie im KZ: Wir Bausoldaten waren irgendwo in Brandenburg gefangen, in einem Gelände mitten im Wald, mit Stacheldraht ringsherum. Da durfte niemand raus. Wir waren in langen Zelten untergebracht. Wir - das waren etwa 400 Mann – all jene, die sich im Jahr 1978 geweigert hatten, eine Waffe in die Hand zu nehmen.
Geschlafen wurde auf Doppelstockpritschen – eng aneinandergepresst je 9 Mann oben und je 9 Mann unten – nachts umgedreht wurde im Kollektiv. Der Drill ging dann am Morgen los, beim Frühsport: Dort mussten sie mit Teilen von Panzerketten, die mit gestrecktem Arm zu halten waren, Kniebeugen machen...
Ich hatte als einziger das Glück, dass ich keinen Frühsport mitmachen musste: Ich hatte nämlich dort für einen Offizier, einen Arzt, eine West-Antenne installiert und die an seinen Dienst-Fernseher angeschlossen. Dadurch konnte der nun west-fernsehen und ich habe im Gegenzug von ihm einen Schein gekriegt, dass ich keinen großen körperlichen Belastungen ausgesetzt sein darf. Ich hatte ohnehin zu hohen Blutdruck, das hat sein Attest noch untermauert.

Stärkung von Kampfkraft
und Wehrbereitschaft

Manöver in Eggesin

´Spatendienst´ - das war wirklich beinhart. Im Nachbarzelt beispielsweise ist einer verhungert, den haben sie einfach nicht zum Arzt gehen lassen. Der wollte zum Psychologen, aber die Offiziere haben ihn nicht gehen lassen und da hat er das Essen verweigert. Sie haben ihn einfach verhungern lassen.
Die Bösartigkeiten zogen sich über den ganzen Tag. Einmal standen wir an der Essenausgabe: Der Unteroffizier hat sich zuerst Essen geholt, hat sich hingesetzt und gegessen. Und als der fertig war, rief er ´Fertig mit Essen!´ Da stand aber noch etwa eine Schlange von 100 Mann an der Essenausgabe, die haben dann alle nichts zu essen gekriegt... weil der Unteroffizier schon fertig war. Das war die blanke Schikane.
Und sie haben uns dort die vier Wochen lang hausen lassen wie die Schweine – als Rache, weil wir uns geweigert hatten, eine Waffe in die Hand zu nehmen. Wir waren ja im Winter angekommen.
Und konnten uns zum Beispiel vier Wochen lang nicht waschen, weil die Wasserhähne zugefroren waren!
Wir kamen da hin - die Wasserhähne befanden sich an der Außenwand – wir stanken und wollten uns waschen. Das einzige jedoch, was wir konnten, war, uns die Eiszapfen an den Wasserhähnen zu betrachten – dann sind wir dreckig und stinkend wieder zurück getrottet. Mit meiner Ausnahme mussten ja alle Sport treiben – was meinste, wie die gestunken haben! Und das ging so vier Wochen lang... Unterwäsche zum Wechseln gab es so gut wie nicht.
Als Toiletten dienten große Gruben, über die Eisenstangen gezogen waren. Wenn sich die Männer bei den herrschenden hohen Minusgraden auf diese Eisenstangen setzten, blieb die Haut schmerzhaft am Eisen kleben. Wir wurden ja von Posten bewacht, auch da. So ungefähr stellte ich mir die russische Kriegsgefangenschaft vor... Klopapier war knapp, also versuchte man, irgendwelche Papierfetzen zu sammeln, um die Eisenstange zu isolieren...“

Während einige der Jenaer Dissidenten dem Militär ausgeliefert sind, setzen Polizei und Staatssicherheit ihre Zersetzungsmaßnahmen im zivilen Bereich fort. Die bekommt Renate Groß zu spüren, die inzwischen als Pastorin im Dorf Nöbdenitz lebt:

„1978 war ich völlig runter. Irgendwann brachen sie bei mir zuhause ein- ganz komische Typen, haben alles mögliche kaputt gemacht, Wände vollgeschmiert, in der Nacht standen die plötzlich um mich rum. Ich dachte, das seien irgendwelche Kriminellen aus dem Dorf. Ich rief die Polizei an, die kam aber nicht...
Als Frau allein in dem großen Haus, da hatte ich schon Angst. Und dann wurde ich immer verhört; montags, nach meinem Gottesdienst, musste ich auf die MfS-Kreisdienststelle Schmölln, und dann hieß es: ´Sie haben gestern wieder für die politischen Gefangenen gebetet und nicht gesagt, in welchem Land!´
Das eigentlich Zermürbende war, das tägliche Leben zu schaffen, allein mit Kind in dem uralten Haus. Ich habe keinen Ofen gekriegt, keine Kohlen, keine Dachreparatur. Das war nicht leicht, wenn man überall Knüppel zwischen die Beine kriegte. Meinen Superintendenten hatten sie als Inoffiziellen Mitarbeiter der Stasi angeworben. Und dem erzählten sie nun, ich sei eine Terroristin und hätte illegal Waffen geschmuggelt. Entsprechend wurde ich von ihm behandelt.
Daß ich in der Zeit meine Ordination geschafft habe, mein zweites theologisches Examen, und Pastorin geworden bin und das eine Weile durchgehalten habe, darüber staune ich heute...“*

* Ordination in der ev. Kirche = Einsegnung und Beauftragung zum Pfarrdienst

Renate Groß mit ihrer Tochter Julia

Als das Jahr 1978 zu Ende geht, dient Bausoldat Rösch längst in der Küche einer Fliegerschule bei Bautzen. Panzerschütze Domaschk hat noch vier Monate vor sich und starrt auf dieses ferne Entlassungsdatum: den 24. April 1979...
Er schreibt Heppe einen Weihnachtsbrief:

Matthias Domaschk während seiner Armeezeit

21.12.78

...eigentlich wollte ich viel eher schreiben, aber...
erst einmal wünsche ich dir eine frohe weihnacht, ohne allzu viel melancholie. ein geschenk habe ich leider noch nicht für dich, aber ich will versuchen, noch etwas aufzutreiben.
diesen weihnachtsstagen sehe ich hier mit einiger besorgnis entgegen. ich glaube, es wird unwahrscheinlich schlimm werden und ich weiß nicht, was ich dagegen tun soll. ich bin irgendwie innerhalb der letzten drei monate mehr abgesackt als die gesamte zeit davor.
(...)

alles gute und viel freude
gruß
matz

„MARMOR, STEIN UND EISEN BRICHT...“

Es gibt auch glückliche Gesichter in der Welt des Sozialismus: 1979 feiern die Funktionäre – wie üblich mit einem Großaufgebot an Fahnenträgern - den 30.Jahrestag der DDR. Erich Honecker reist nach Afrika und auf der Leipziger Frühjahrsmesse trifft sich das SED-Politbüromitglied Günter Mittag mit seinem westdeutschen Amtsbruder, dem Bundeswirtschaftsminister Lambsdorff.
Ein großes Turn- und Sportfest wird aufgezogen. Sigmund Jähn, der erste Kosmonaut der DDR, flog soeben mit dem sowjetischen Kommandanten Waleri Bykowski ins Weltall. Eingepackt hat Jähn neben einer hochwertigen Kamera auch einen Koffer mit SED-Devotionalien: Fahnen, Wappen, Medaillen, Wimpel, ein Portrait Erich Honeckers und die Miniaturausgabe einer Schrift von Karl Marx. Schul- und Betriebswandzeitungen wetteifern mit Propaganda-Texten.

Panzerschütze Domaschk und Bausoldat Rösch haben die Schnauze voll von Propaganda – sie sehnen sich danach, endlich ins zivile Leben zurückzukehren!
Doch ein Vierteljahr vor dem Ende seines Armee-Daseins wartet auf Peter Rösch noch eine Strafe:

„Am 20.Mai 1979 standen die Kommunalwahlen in der DDR an. Wahl - das hieß natürlich, man hatte anzukreuzen, dass man das Unterdrückungssystem wählt, etwas anderes war ja verboten. Und ich war nun der einzige von zweitausend Mann in der Fliegerkaserne, der nicht ankreuzen ging. Die anderen Bausoldaten hatte man vorsorglich nach Hause auf Urlaub geschickt, damit sie nicht das Bild der 99, 9 % Zustimmung zum Staat versauen – denn natürlich hatten die meisten von uns Bausoldaten den Mut, das Kreuzchen zu verweigern oder gar in eine Wahlkabine zu gehen, um mit ´Nein´ zu stimmen.
Ich war also der einzige Bausoldat, der nicht nach Hause gefahren war, weil ich in der Küche gebraucht wurde. Ich bin nicht zum Ankreuzen gegangen und konnte mir nun ausmalen, dass ich dafür bestraft werde. Das kam dann auch prompt: Am Tag nach der Wahl wurde ich verhaftet und kam in den Karzer. Da hatte ich bereits meinen Entlassungsstempel im Wehrpass...“

Darbietung zum 30.Jahrestag der DDR

Als Peter Rösch später in Jena auf seinen Freund Matz Domaschk trifft, müssen die beiden Heimkehrer sich erstmal wieder im Alltagsleben zurechtfinden... müssen sich um ihre Arbeitsstellen kümmern und sehen, was aus ihren Wohnungen geworden ist:

„Wir haben uns gefreut, zurück in der Zivilisation zu sein. Es war Frühling, es war Mai. Die Sonne schien, es war warm...und wir waren zuhause! Die Freunde mussten uns erstmal wiedererkennen – wir hatten ja beide rappelkurze Haare, ich war dazu noch ohne Bart. Es freuten sich aber alle, dass wir wieder da waren. Und das war das Schöne, das Besondere, wir trafen auf eine besondere Herzlichkeit...“

Das noch immer von unangepassten Jugendlichen bevölkerte Stadtbild im Jenaer Zentrum gewinnt für die beiden schon bald wieder vertraute Züge:
*„Wir waren einfach glücklich, dass wir wieder frei waren! Jena hatte sich in den zwei Jahren natürlich weiterentwickelt:
Die Milchbar am Johannisplatz war inzwischen angesagt, da sind wir nach der Arbeit hin. So nach und nach kamen die alten Freunde dazu, auch die Freundinnen. Freitags haben wir dann meistens ´Gletscherwasser´ getrunken... im Westen haben sie Gin-Tonic dazu gesagt. Tonic konntest du in der DDR natürlich nicht kaufen oder extra trinken, das gabs nur im Zusammenhang mit Gin. Zum Beispiel in der Milchbar am Johannisplatz. Dort gab es auch eine Musikbox, mit Schallplatten - normalerweise waren da nur DDR-Hits drin. Wir haben nun begonnen, unsere Milchbar-Hitparade zu zelebrieren. Und was war auf Platz 1? ´Marmor, Stein und Eisen bricht, aber unsere Liebe nicht´ - von Drafi Deutscher! Das war ja Import-Musik! Das haben wir alle sehr geliebt... da konnte man etwas enger tanzen dazu.*

Denn wir haben ja auch getanzt in der Milchbar – irgendwie hatten wir da ein bisschen Narrenfreiheit. Manchmal tauchte wie zufällig jemand von der Staatssicherheit auf – die Küchenhilfe kannte die aber und hat uns rechtzeitig ein Zeichen gegeben. Dann haben wir da brav unseren Milchshake getrunken... bis die Luft wieder rein war.

Im Zuge der Jähn-Euphorie umbenannter Platz im Zentrum Jenas

Peter Rösch zu Besuch bei Freunden in Dresden

Wirklich, nach unserer Heimkehr hatten wir eine glückliche Zeit. Wir haben viel gefeiert, oft bei Matz oben in der Wohnung. Es gab aber auch Abende, an denen wir einfach nur erzählten und genossen, dass wir nun wieder frei sind. Da saßen wir bei Matz in der Küche, tranken so einen albanischen Kognac, den gabs in der DDR, und waren rührselig.
Manchmal haben wir einfach nur Musik gehört – Victor Jara und so... uns gingen ja auch die Menschen in Chile nahe, das war ja noch die Pinochet-Zeit.
Oder wir haben Lese-Abende zu zweit gemacht: Jeder las in seinem Buch, dann haben wir einander erzählt, was jeder so gelesen hat. Ich hab manchmal gleich dort gepennt, im Haus Am Rähmen 3.
Und dann gabs natürlich auch eine ganze Menge Frauen, die sich freuten, dass wir wieder da waren. Und da haben wir nicht Nein gesagt, wir waren diesbezüglich ja völlig ausgehungert."

Zu den Freunden, die sie in Jena wiedertreffen, gehört auch Roland Jahn. Der Student, vor drei Jahren aus politischen Gründen von der Uni geflogen, arbeitet noch immer als Transportarbeiter bei *Zeiss Jena*.
Doch die zwei Jahre „Bewährung in der Produktion" sind abgelaufen, seine Disziplinarmaßnahme - Ausschluss vom Studium – wird 1979 gelöscht. Roland Jahn beantragt also die Fortsetzung seines Studiums der Wirtschaftswissenschaften – der Antrag wird abgelehnt: Jahn habe sich nicht von seinem früheren DDR-kritischen Verhalten distanziert!
Ein Fernstudium wird ihm angeboten – fernab vom normalen Studienbetrieb. Das wiederum lehnt Roland Jahn ab – er erkennt die Rechtmäßigkeit seiner Exmatrikulation nicht an! Er sucht die Auseinandersetzung.

Zentraler Platz Jenas mit Stadtkirche

Und Siegfried Reiprich? Seine Bewährung beim *VEB Otto Schott & Genossen* geht nun schon ins vierte Jahr.
„Mit Reiprich“, so erinnert sich Peter Rösch, *„konnte man sich wunderbar unterhalten; die Knaller-Feten waren nicht so seine Sache, aber er las unheimlich viele Bücher und konnte Spannendes über Wissenschaftler und Philosophen erzählen, von denen die anderen noch nie etwas gehört hatten. Wir haben ihn manchmal einfach erzählen lassen, und da tat sich eine ganz neue Welt für uns auf...“*

Siegfried Reiprich scheint 1979 noch einmal eine Chance zu bekommen – er darf ein Studium der Feinwerktechnik an der Ingenieurschule für Wissenschaftlichen Gerätebau Carl Zeiss Jena aufnehmen:

„Ich war froh, wieder Student zu sein, dazuzugehören, eine Perspektive zu haben, mit dem Studentenausweis wieder in den Klub ´Rosenkeller´ reinzukommen. Auch wenn die politische Perspektive sich verdüstert hatte, im Freundeskreis von Überwintern oder Ausreise gesprochen wurde...“

Was er lediglich ahnt: Er wird stark überwacht. Kaum hat er zu studieren begonnen, meldet sein Politiklehrer auch schon an die Partei weiter:
„Es gibt in der Seminargruppe 79052, das ist die technologische Fachrichtung, einen Studenten, der heißt Reiprich (...) die ersten Unterrichtsstunden zeigen, dass er versucht, getarnt mit einer gereiften marxistischen Bildung, die er vorgibt zu haben, Diskussionen in den Gang zu bringen in der Seminargruppe, die darauf hinauslaufen, dass unsere Bevölkerung zu wenig informiert wird über wirtschaftliche Schwierigkeiten und dergleichen. Die ganze Situation läuft darauf hinaus im Moment, dass er mit gezieltem Fragestellen versucht, Stimmung zu machen oder die Lehrer (was mich betrifft) aus der Reserve zu locken...“

Auch Renate Groß, inzwischen Pastorin in Nöbdenitz, wird weiter vom Geheimdienst in die Mangel genommen. Später, nachdem die Mauer gefallen ist, wird sie in ihren Stasi-Akten lesen, dass ihr mit einem Trick das Kind entzogen werden sollte. Auf diesen Eklat allerdings verzichtet die Staatssicherheit am Ende, um nicht die Solidarität der Kirchenvorgesetzten mit Pastorin Groß zu provozieren. Es gibt auch subtilere Methoden:

„Die haben mich ja durch und durch gekannt; der Oberleutnant Köhler von der MfS-Kreisdienststelle Jena hatte meine Tagebücher gelesen, und er kannte die Psychogramme, die mein Arzt über mich angefertigt hat.
Es war mein Hausarzt – der war auch bei der Stasi! Wenn ich allein sehe, was dieser Doktor alles mit mir veranstaltet hat. Der kam fast jeden Sonntag in meinen Gottesdienst, immer mit einer Rose in der Hand. Das war so einer: Küss die Hand, Madame. Morphinist. 15 Berichtsbände hat der für die Staatssicherheit über mich und andere Pfarrer verfasst. Was der alles geschrieben hat – wie er die fertig gemacht hat. Mich hat er versucht, mit einer ´Faustan-Therapie´ zur Strecke zu bringen – Faustan, das war so ein Beruhigungsmittel in der DDR...“

Renate Groß hat einen Pfarrerskollegen aus Hessen kennengelernt. Er will zu ihr in die DDR kommen. Eine freie Pfarrstelle gleich neben ihrer Gemeinde ist schon für ihn reserviert.

Die Staatssicherheit ist Ende der 70-er Jahre zur Krake geworden. Auch und vor allem in Jena ist sie inzwischen sichtbar präsent:
„Jena“, so erinnert sich Roland Jahn, *„war eine überschaubare Stadt, da stießen die Geschichten öfter aufeinander. In irgendeiner Form traf man sich immer wieder mal – im Negativen oder im Positiven... Man kannte die Gesichter, hatte noch die Fußballklub-Photos zuhause und sah dann, dass einige einen anderen Weg gegangen sind. Das war schon seltsam, wenn man zum Beispiel festgenommen wurde durch die Polizei – und dann sitzt da einer in Uniform mit im Auto, mit dem man früher Fußball gespielt hat. Wie verhält man sich in so einer Situation? Man schweigt möglichst, versucht, das Unangenehme des Aufeinandertreffens zu umgehen...*

Einmal ist mir passiert, daß ich auf den Mann meiner Arbeitskollegin getroffen bin – der war bei der Stasi. Ich treffe also meine Kollegin beim Karneval mit ihrem Mann... und den kannte ich: Es war einer von denen, die mich bei einer Verhaftung abgeholt hatten! Natürlich wusste ich bis dahin nicht, dass meine Kollegin mit dem verheiratet war. Ich habe dann etwas verkrampft ´Hallo´ zu ihr gesagt, und zu dem Mann: ´Na, heute dienstlich hier, oder?´
Es war ja Karneval...
Dieser Mann, das war dann übrigens einer der Offiziere, die beim Fall Domaschk eine üble Rolle gespielt haben...“

Matthias Domaschk bei Freunden in der Gartenstraße 7

Noch gibt es keinen Fall Domaschk... Matthias Domaschk ist ein Armee-Heimkehrer, den alle mögen, auch Roland Jahn:

„Matz war sanft, zurückhaltend. Er spielte sich nicht in den Vordergrund, in einer kleinen Gruppe ging er aber schon aus sich raus. Er war nicht impulsiv – eher ruhig und versuchte zu überzeugen. Und er war ein Träumer. Vor allem war er ein Freund, der da war, wenn man ihn brauchte. 1979 zum Beispiel bekam meine Freundin Petra – sie erwartete ein Kind von mir – vom Jenaer Wohnungsamt eine Wohnung.

Und Matz kam jeden Abend mit mir in diese Wohnung, um sie für Petra zu renovieren. So etwas verbindet: Wenn einer es nach seiner Arbeit auf sich nimmt und seinen Freunden beim Renovieren hilft. Das schafft ein Gefühl von Familie, von Nähe. Matz konnte ich immer Bescheid sagen, wenn mal irgendwo mit anzufassen war – der suchte nicht irgendwelche Ausreden, der war ein wirklicher Freund und sagte nur ´Ich komme´...“

Die beiden Heimkehrer spüren: Die „Szene“ ist stark geschwächt seit der Biermann-Ausbürgerung und der Abschiebung des halben Freundeskreises nach West-Berlin. Viele der Zurückgebliebenen haben die Erfahrungen mit der brutalen Staatsmacht nicht verkraftet. Und die Zersetzungsmaßnahmen halten an...sie sind perfider geworden. Manch einer hält das Leben gar nicht mehr aus: Für die Zeit zwischen 1977 und 1983 werden die meisten Fälle von Selbstmord im Umfeld der Jenaer *Jungen Gemeinde* registriert.

Trotzdem - in der Jenaer „Szene“ gibt es auch Versuche, die Lähmung zu überwinden. Siegfried Reiprich hat mit einer Gruppe von Freunden schon wieder einen neuen Lesekreis gegründet: *„Es regte sich neuer Lebens-und Widerstandswillen. Wir gründeten nach dem Vorbild der Fliegenden Universitäten in Polen einen neuen Lesekreis – wir wollten uns nicht einrichten in der Misere, wollten nicht verblöden. Die politischen Strafgesetze waren verschärft worden, deshalb konzentrierten wir uns zunächst auf gute Literatur, die in der DDR erschienen war. So etwas gab es ja auch. Wir trafen uns freitags in wechselnden Wohnungen, ein ganzes Jahr lang. Außerdem schrieb ich mit meinem Freund Olaf Tomaszewski ein Manifest, in dem wir unsere friedlichen und demokratischen Ziele skizzierten. Und als wir uns mit einigen ausgebürgerten Freunden in der Tschechoslowakei trafen, hat meine Frau Christine das Manifest am Körper durch die Kontrolle an der tschechischen Grenze geschmuggelt.*
Bei solchen Fahrten wurden wir oft aus der Schlange geholt und durchsucht – vom Trabant bis zur Leibesvisitation. Olafs Frau hatte den Text abphotographiert und den unbelichteten Film in der Dunkelkammer in Staniolpapier eingewickelt. Wenn sie den Film bei Christine gefunden hätten, dann hätte sie es aufgerissen und den Film belichtet! Aber es ging alles gut – das Manifest gelangte über den Umweg Tschechoslowakei schließlich in den Westen. Es war ja wichtig, dass die draußen sahen, wir leben noch...“

Siegfried Reiprich mit seiner Frau Christine in einem Künstlerhof bei Bürgel

Ja, er lebt noch, der Jenaer Widerstand: Zwei 17-jährigen Lehrlingen geht der Personenkult um Fliegerkosmonaut Jähn zu weit. Sie fühlen sich an die Zeit des Stalin-Kultes erinnert und schreiben mit weißer Farbe an eine Wand in ihrem Betrieb: *Wir brauchen keinen Personenkult!*
Der Mut kommt sie teuer zu stehen – sie werden samt Farbtopf vom Betriebswachschutz erwischt und finden sich für ein halbes Jahr im Gefängnis wieder. Nach ihrer Entlassung aber klinken sie sich aktiver in die *Junge Gemeinde* ein.

Neue Stasi- Spitzel werden in die *JG* Jena-Stadtmitte eingeschleust, denn hier sammeln sich nun verstärkt ausgegrenzte Lehrlinge der Jenaer Großbetriebe, dazu Abiturienten, denen das Studium aus politischen Gründen verwehrt wird. Die ganze Jenaer „Szene" wird weiter durchsetzt, auch das Stasi-Gerücht um Reiprich neu angeheizt. Über Peter Rösch werden weitere Informationen zusammengetragen, auch über Matthias Domaschk. Die Staatsicherheit, Kreisdienststelle Jena, notiert 1979 im Zusammenhang mit einer Dienstreise von dessen Vater, Matthias Domaschk

- *gehört zum engsten Umgangskreis von Exponenten der politischen Untergrundtätigkeit in Jena*
- *war maßgeblich beteiligt an den konterrevolutionären Ausschreitungen im November 1976 in Jena*
- *nahm an negativ-feindlichen Unterschriftensammlungen teil*
- *verfügt über umfangreiche Kontakte zu negativen und feindlichen Kräften innerhalb und außerhalb der Republik...*

Matthias Domaschk und Renate Groß beim Spaziergang mit ihrer Tochter Julia

Davon bemerkt Matz Domaschk nichts. Er interessiert sich gerade für das Zusammenleben in einer Wohngemeinschaft. Und er verliebt sich neu, in ein Mädchen aus der „Szene". Das hilft ihm, die Trennung von Julia zu verkraften. Natürlich besucht er seine Tochter und Renate noch – doch jetzt, da beide eine neue Verbindung eingegangen sind, werden die Besuche allmählich seltener.

ES LEBE SOLIDARNOŚĆ !

1980 befinden sich bereits etliche der Jenaer Oppositionellen im Westen. Die meisten fühlten sich nach ihrer unfreiwilligen Ausreise entwurzelt - so wie Doris Liebermann:

„Wir waren alle sehr mitgenommen. Am Anfang fühlte ich mich wie auf Zwangsurlaub. Man musste unendliche bürokratische Prozeduren bewältigen, Verhöre der alliierten Geheimdienste im Notaufnahmelager Marienfelde über sich ergehen lassen, sich auf dem Arbeitsamt melden usw. Jeder musste nun einen neuen Weg für sich finden. Und für uns alle stand die Frage: Wollen wir überhaupt in West-Berlin bleiben – ständig umzingelt von der DDR? Da sich aber das hilfreiche Schutzkomitee um Wohnungen für uns kümmerte, war das Bleiben erstmal naheliegend.
Ich entschloss mich, nun doch Osteuropäische Geschichte und Slavistik zu studieren – ich musste irgendwie verarbeiten, was wir erlebt hatten und wollte mehr wissen, was es mit dem Sozialismus und seiner Geschichte auf sich hat. Ich ahnte damals nicht, dass mich das Studium immer tiefer in einen Sumpf hineinziehen würde, der Stalinismus hieß. Es war ein blutiger Sumpf. Ich las zum ersten Mal von Verbrechen im Namen des Kommunismus, deren Ausmaß ich mir nicht einmal im Traum hätte vorstellen können. Wir wussten ja gar nichts in der DDR...“

Die Ausgebürgerten schmuggeln inzwischen Bücher und wichtige Schriften in Richtung Thüringen. Sie fühlen sich ihren Jenaer Freunden tief verbunden und haben ein nicht nachlassendes Bedürfnis, sich mit ihnen zu treffen. So etwas geht natürlich nur im außerdeutschen Raum: Sie selbst haben Einreiseverbot in die DDR - die Freunde aber dürfen nicht in den Westen! So gab es bisher kleinere Treffen in der Tschechoslowakei. Dorthin gelangten die Ausgebürgerten von West-Berlin aus allerdings nur über Bayern: Es ist ihnen von offizieller DDR-Seite aus verboten, die Transitwege Richtung Osteuropa durch ihre ehemalige Heimat zu benutzen.

Jena-Treffen im masurischen Mikołajki - am Photoapparat Matz Domaschk

Diesmal, im Sommer 1980, wollen sie sich alle in den polnischen Masuren treffen. Unter den Westberliner Polen-Touristen sind Doris Liebermann und Thomas Auerbach, unter den Jenaern Matthias Domaschk und Peter Rösch:

„Wir Jenaer, etwa 15 Leute, haben uns alle in Warschau getroffen. Von dort aus sind wir dann zusammen in die Masuren gefahren, nach **Mikołajki**. *Dort trafen wir uns mit unseren ausgebürgerten Freunden - etwa sieben, acht Leuten. Die waren nun ganz schlau gewesen: Sie haben vom Westen aus gleich eine kleine Halbinsel gemietet, so eine masurische Landzunge. Dafür hatten sie 100.- DM bezahlt. Das war damals in Polen eine Menge Geld, und so durften wir dann auch jeden Tag Milch von den Kühen trinken, Hühnereier essen und mit Pferd und Wagen durch die Gegend fahren.*

Es war eine wunderbare Zeit! Wir blieben da zwei Wochen und haben wie im Schlaraffenland gelebt, in einer traumhaft schönen Natur. Wir hatten unsere Zelte aufgebaut, saßen abends am Lagerfeuer, gingen baden und hatten uns natürlich viel zu erzählen. Einmal sind wir nach **Mikołajki** *reingefahren und haben dort an einem Marktstand alle gerupften Hühner aufgekauft, das war so etwa ein Dutzend. Die habe ich dann mit leckeren Gewürzen eingestrichen – ich hatte ja von der Armee her genügend Erfahrungen als Koch – und über dem Feuer schön braun gebrutzelt...*

Kurz vor unserem Urlaubsende kam plötzlich im polnischen Radio, daß in Danzig gestreikt wird. Matz Domaschk und ich haben sofort beschlossen, zur Danziger Werft zu trampen!
Wir haben uns erstmal in Sopot auf dem Zeltplatz niedergelassen, von dort aus sind wir zur Danziger Werft rüber und haben den Streik gesehn – die zugekettete Werft, die **Solidarność** *– Fahnen und die vielen Menschen. Wir waren begeistert, haben uns unter die Streikenden gemischt und mit ihnen geredet...“*

Doris Liebermann vor ihrem Zelt

Jenaer bei der Wiedervereinigung in den Masuren

Polnischer Zeltplatz in der Nähe von Danzig

Was ist die **Solidarność** ?
Nachdem die polnische Regierung am 1.Juli 1980 erneut Lebensmittelpreise drastisch erhöht hat, kommt es zu spontanen, landesweiten Streiks unter Arbeitern. Sie greifen rasch auf die Hafenstädte Danzig, Gdingen und Stettin über und weiten sich zu Dauerstreiks aus, an denen sich nun auch die schlesischen Bergleute beteiligen. Vor dem Haupttor der Lenin-Werft Danzig formiert sich am 14. August der größte Widerstand – Tausende versammeln sich von nun an zu täglichen Solidaritätskundgebungen mit den streikenden Werftarbeitern. Bald schließen sich 700 Betriebe aus der Umgebung an - die Menschen hören plötzlich auf, sich vor dem sozialistischen Regime zu fürchten...

In diesem Sommer 1980 bebt Polen – und die Jenaer Dissidenten, ohnehin allesamt Polen-Fans, werden Zeugen dieser historischen Stunde:

„*Wir waren plötzlich mittendrin!*", schwärmt Peter Rösch noch heute.
„*Matz Domaschk und ich, wir sind in die Geburtsstunde der* ***Solidarność****-Bewegung reingekommen, haben Kontakte mit Leuten in Warschau und Krakau gekriegt. Übrigens: Als der Streik um sich griff, merkte man das gleich auf dem Zeltplatz: Irgendwann gab es plötzlich keine Brötchen mehr, weil die LKW-Fahrer streikten. Wir haben Tränen gelacht, weil nun viele DDR-Touristen jammerten, sie seien kurz vor dem Verhungern... Manche fürchteten, daß es vielleicht bald kein Benzin mehr gibt und sie in Polen bleiben müssten. Die haben sich dort ja nicht so glücklich gefühlt wie wir...*"

Sommer 1980 - die Danziger Werft wird bestreikt

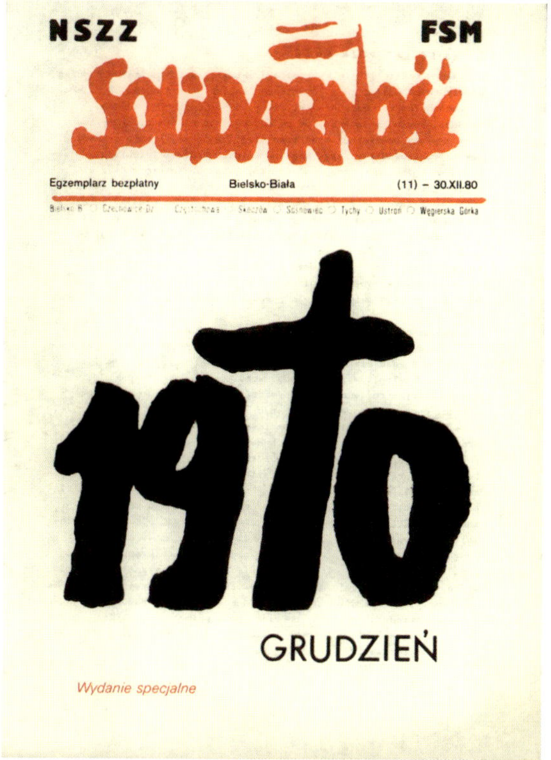

Solidarność-Plakat,
das den christlichen Charakter der Gewerkschaft betont

Matthias Domaschk und Peter Rösch sind äußerst glücklich. Sie nehmen noch ein paar Rockkonzerte in Sopot mit, dann gehen ihre Ferien zu Ende: *„Das war einer der schönsten Urlaube unseres Lebens – wir haben zum ersten Mal erlebt, dass sich in dem starren System des Sozialismus doch was bewegen kann. Wir haben eine herrliche Natur erlebt und viele tolle Menschen kennengelernt. Wir hatten richtigen Abschiedsschmerz, als wir zurück in die DDR mussten."*

Was in Polen weiter geschieht, verfolgen Peter Rösch, Matz Domaschk und ihre Freunde in Jena im verbotenen West-Fernsehen mit:
Ein überbetriebliches Streik-Komitee mit dem Danziger Elektriker Lech Wałęsa an der Spitze trotzt der Regierung die Zulassung freier, unabhängiger Gewerkschaften ab – so etwas hat es noch nie im Ostblock gegeben! In nur wenigen Wochen wächst die **Solidarność** zu einer mehr als zehn Millionen Mitglieder starken Bewegung an!
Es ist die erste oppositionelle Massenbewegung in Osteuropa während der sozialistisch-kommunistischen Ära....

Die Jenaer Dissidenten sind völlig aufgewühlt. Als im Oktober 1980 die ***Solidarność*** offiziell registriert wird, bricht die ganze „Szene“ in Jubel aus. Sollte es doch noch Hoffnung auf Demokratie in Osteuropa geben?

Eines Abends nach der Arbeit sitzen Matthias Domaschk und Roland Jahn bei einem Bierchen zusammen:
„Wir kamen irgendwann aus der Kneipe und haben auf der großen Jenaer Brücke lauthals unsere Solidarität mit ´ ***Solidarność*** *´ herausgesungen: ´Noch ist Polen nicht verloren´. Uns war einfach danach! Polen hat für uns ja immer eine große Rolle gespielt.*

Solidarność *- das gab uns Hoffnung: Ich arbeitete zu dieser Zeit als Transportarbeiter bei Carl Zeiss Jena, weil ich nicht mehr studieren durfte. Matz hat kein Abitur machen dürfen und war nun auch Arbeiter – das Lebensgefühl von* ***Solidarność*** *war uns also ganz nahe. Dass endlich ein paar mehr aufstehen gegen die Diktatur, und nicht nur einige wenige... dass es auch Massenproteste geben kann - das war schon eine Erfahrung, die einem Kraft gab .*
Eine Zeitlang, wenn wir uns in den Arbeitspausen trafen, zum Beispiel zum Frühstück in der Uni-Mensa, dann sagten wir leicht ironisch: ´Wir machen jetzt eine ***Solidarność*** *- Versammlung!´ Leicht ironisch deshalb, weil sich ja in der DDR nichts rührte. Wir waren übrigens bei so einem Frühstück ein illustrer Haufen von bereits Aussortierten: Einer z.B. war HNO-Arzt an der Uni-Klinik, hatte dann einen Ausreise-Antrag gestellt und war daraufhin rausgeflogen – der arbeitete inzwischen als Friedhofsgärtner. LKW-Fahrer waren dabei, Wehrdienstverweigerer, Studenten, die aus politischen Gründen exmatrikuliert worden waren...“*

Auch Peter Rösch hat frischen Mut. Er klinkt sich engagiert in den kirchlichen Widerstand in Halle ein. Und er fährt herum und berät als ehemaliger Bausoldat landesweit junge Männer, die ebenfalls den Dienst an der Waffe verweigern wollen. Davon gibt es 1980 in der DDR bereits mehr als genug: Etwa 10 000 junge Männer wollen den Armee-Dienst mit der Waffe ablehnen oder verweigern den Wehrdienst komplett – da gibt es genug Hilfestellung zu leisten. Besonders die letztere Gruppe der Totalverweigerer setzt sich schweren Benachteiligungen aus, muss Verhaftung und Verurteilung in Kauf nehmen. Da gilt es zu informieren, zu unterstützen, zu vernetzen...
In den Fürbitten der Gottesdienste werden die Totalverweigerer stets erwähnt und erhalten dadurch eine Popularität und Öffentlichkeit, die der SED-Führung überhaupt nicht ins Konzept passt.

Frühling in Jena. Im Gras v.l.: Christine Reiprich, Siegfried Reiprich, Petra Falkenberg (Lebensgefährtin v. Roland Jahn), Roland Jahn, beider Töchterchen Lina, ein Freund

Nicht alle glauben mehr daran, dass sich die DDR noch zum demokratischen Guten wenden könnte. Siegfried Reiprich wird plötzlich an seiner Ingenieurschule zum Studiendirektor gerufen und in ein Kabuff komplimentiert:
„Dort empfingen mich zwei Stasi-Offiziere - sie drehten den Türschlüssel von innen um und steckten ihn ein. Wie ich inzwischen meine ´konterrevolutionäre Plattform´ von 1976 sähe, wollten sie wissen, ob ich immer noch dazu stünde. Das habe ich bejaht und hinzugefügt, ich würde es heute allerdings besser anstellen... Sie drohten mit Knast, legten mir aber auch nahe, das Land in Richtung Westen zu verlassen.
Uns ging es zu dieser Zeit dreckig: Meine Frau Christine lag in der Frauenklinik, mit Schwangerschaftskomplikationen. Ich wollte nicht warten, bis sie mich ein zweites Mal exmatrikultieren und stieg aus, wurde wieder Hilfsarbeiter.
Dann erlitt meine Frau eine Fehlgeburt. Sie konnte nicht mehr, wollte nur noch raus aus diesem Land. Und so haben wir einen Ausreiseantrag gestellt. Unsere Freunde waren erstmal schockiert."

Auch Renate Groß im abgeschiedenen Nöbdenitz haben die Staatsorgane inzwischen zermürbt. Ein halbes Jahr zuvor wurde ihr mitgeteilt, ihr Verlobter – jener junge Pfarrer aus Hessen – bekäme definitiv keine Zuzugsgenehmigung für die DDR! Ihr zuständiger Oberkirchenrat (er arbeitete heimlich für die Staatssicherheit) malte zusätzlich schwarz und überredete sie zur Ausreise in den Westen.

Und so siedelt Renate mit Tochter Julia im Juli 1980 nach Frankfurt am Main über. An den Abschied von ihrem Vater wird sich die dreijährige Julia später nicht erinnern können. Doch es ist das letzte Mal, dass sie ihn sieht.

Matthias Domaschk führt nach der Rückkehr aus Polen ein eher zurückgezogenes Leben. Es ist gut, eine Zeitlang politisch nicht hardcore-mäßig drauf zu sein. Er hat eine neue Freundin und er hat seine Freunde, mit denen er sich trifft. Doch oft zieht er sich nach der Arbeit in seine Dachwohnung zurück, um Musik zu hören und zu lesen. Die Trennung von Renate und seiner Tochter Julia setzt ihm zu. Doch gleich im nächsten Frühjahr will er sich mit den beiden treffen - in Ungarn...

Matthias Domaschk 1980 im Wochenendhaus seiner Eltern

* 1981	Unter dem Dach der Kirche wächst die Friedensbewegung heran - sie vermag fast alle politischen Gegner der DDR-Diktatur zu integrieren / Verhängung des Kriegsrechts in Polen
* 1982	Die Staatsmacht reagiert allergisch auf den Aufnäher *Schwerter zu Pflugscharen*, der zum Symbol der Friedensbewegung geworden ist / Schweigedemonstration vor den Ruinen der Dresdner Frauenkirche
* 1983	Basisgruppen aus der gesamten DDR treffen sich zum ersten Zentralen Friedensseminar in Ost-Berlin / Aufhebung des Kriegsrechts in Polen
* 1984	Um ihre Ausreise zu erzwingen, besetzen 600 DDR-Bürger bundesdeutsche Botschaften in ganz Osteuropa
* 1985	Michail Gorbatschow wird Generalsekretär der Kommunistischen Partei der Sowjetunion; mit ihm verbindet sich die Hoffnung auf Reformen
* 1986	Gründung der ersten DDR-Umweltbibliothek in einer Ost-Berliner Kirche / Kernreaktorunfall in Tschernobyl
* 1987	Erster Staatsbesuch Erich Honeckers in der Bundesrepublik Deutschland
* 1988	Zunehmende Nervosität der Staatsmacht / Verhaftungen von Oppositionellen in Berlin und tumultartige Auseinandersetzungen in der Leipziger Nikolaikirche
* 1989	Offene Proteste gegen die Wahlfälschungen der SED im Frühjahr / Massenflucht von DDR-Bürgern über Ungarn im Sommer / Demonstrationen von Hunderttausenden für eine demokratische Umgestaltung der DDR im Herbst/ Es gründen sich Bürgerbewegungen und mehrere Oppositionsparteien / Die Mauer „fällt", die innerdeutsche Grenze ist zum Jahresende offen ...
* 1990	In Berlin wird die Zentrale der Staatssicherheit gestürmt/ Eilige Umbenennung der SED in PDS (Partei des Sozialismus) / Erste freie Wahlen zur Volkskammer / Ende der DDR-Existenz durch Beitritt zur Bundesrepublik

Buch der Sozialistischen Jugendweihe, frühe 80-er Jahre"

DDR - unser Vaterland

DER TOD VON MATTHIAS DOMASCHK

Matthias Domaschk im Hof der Gartenstraße 7 in Jena

Im Frühjahr 1981 trägt sich Matthias Domaschk mit dem Gedanken, seine neue Freundin zu heiraten. Zugleich schreibt er Anfang April eine Karte an Renate, die inzwischen geheiratet hat und jetzt als Seelsorgerin im Frauengefängnis in Frankfurt am Main arbeitet: *„Alles gute zu deinem geburtstag“*, schreibt Matz in flotter Kleinschreibung, *„viel glück und freude mit julchen wünsche ich dir!“* Und er verabschiedet sich *„bis bald“*... Denn in den nächsten Wochen will er sich mit Renate und der gemeinsamen Tochter Julia in Ungarn treffen.

Zuvor zieht es ihn mit seinem Freund Peter Rösch nach Berlin, zu einer Geburtstagsfeier im Prenzlauer Berg. Am Freitag, dem 10. April 1981, betreten sie spätnachmittags den Bahnhof ihrer Heimatstadt Jena– zwei junge Männer, die von der Arbeit kommen und ziemlich hungrig sind. Um 18 Uhr geht der Zug nach Berlin:

„Auf dem Bahnhof in Jena wollten wir noch was essen“, erinnert sich Peter Rösch. *„Da lagen in der Mitropa aber nur ´wunderschöne´ Brote mit gewellten Wursträndern – die standen da schon ewig in der Dampfheizung und waren unappetitlich wie Sau. Also haben wir darauf verzichtet und sind mit leerem Magen in den Zug rein. Zum Glück war viel Platz, jeder hat sich auf eine Bank gelegt und ein bisschen geschlafen...“*

Was die beiden nicht ahnen: Sie sind mal wieder im Visier der Staatssicherheit. Allen voran Matthias Domaschk: Er, der eher Sanftmütige, der sich zur Zeit politisch ohnehin zurückhält, ist durch einen Spitzel in Terrorismus-Verdacht gebracht worden - eine Vereinigung plane Domaschk, so etwa in der Art der italienischen Roten Brigaden. Verdächtig macht die beiden zudem ihre Nähe zur polnischen Gewerkschaftsbewegung...
Als der Zug gegen 21 Uhr in Jüterbog hält, werden Peter Rösch und Matz Domaschk unsanft geweckt:

„In Jüterbog hielt der Zug extrem lange. Und plötzlich stand ein Transportpolizist vor mir und fragte: ´Sind Sie Herr Rösch?´ Vor Matz stand auch einer...
Sie forderten uns auf, auszusteigen. Wir wurden nun von der Transportpolizei im brandenburgischen Jüterbog festgehalten, wussten nicht, was die überhaupt von uns wollten und hatten nur ziemlichen Hunger.
Nachts wurden wir von Zivilen verhört, unsere Ausweise wurden kontrolliert. Matz und ich wussten immer noch nicht, warum sie uns aus dem Zug geholt haben - wollten sie uns aus dem Verkehr ziehen, weil in Berlin schon wieder die Fahnen für einen ihrer Parteitage geschwenkt wurden?
Wir mussten viele Stunden warten. Dann wurde es plötzlich ernst: In Knebelketten brachte man uns aufs Polizeiamt in Jüterbog, die Verhöre fanden jetzt in einem extrem barschen Ton statt. Wir waren uns überhaupt keiner Schuld bewusst, sahen nun aber unser Wochenende in Berlin schwinden...“

Zellentrakt in der MfS-Untersuchungshaftanstalt Gera

Am Samstag Nachmittag werden Matthias Domaschk und Peter Rösch wie Schwerverbrecher in einen grauen Kleinbus verfrachtet und abtransportiert:

„Niemand sagte uns, wohin wir fahren. Wir durften nicht mehr miteinander sprechen und mussten die Hände unter die Oberschenkel legen. Der eine drohte, er sei ein besonders guter Schütze. Was sollte das? Wir hatten doch keine Bank überfallen, wir wollten zu einer Geburtstagsfeier!
Sie brachten uns nach Gera ins Stasi-Gefängnis. Im Hof erwartete uns schon ein Spalier: ´Im Laufschritt, Marsch, Marsch!´ brüllte einer. Ich hatte mir ein paar Monate vorher ein Bein gebrochen und konnte noch nicht richtig laufen. Da haben sie mir in den Hintern getreten und ´Schneller!´ gebrüllt...“

Matthias Domaschk und Peter Rösch werden getrennt, jeder verschwindet in einer Einzelzelle im Keller. Hier gibt es keine Fenster, nur ein Luftloch in der Decke. Alle drei Minuten späht ein Bewacherauge durch den Türspion. Es gibt keine Pritsche zum Schlafen, dafür brennt die ganze Nacht Neonlicht. Zu seinem Freund Matz hat Peter Rösch bereits keinen Kontakt mehr.
Er tut das, was sich bei vorherigen Knast-Aufenthalten bewährt hat: Autogenes Training und das innere Ohr lautstark auf Lieblingsmusik stellen! Als Peter Rösch zum Verhör geholt wird, hat er sein seelisches Gleichgewicht wiedergefunden. Nein, er hat keine Angst vor den Stasi-Knechten – und er weiß das auch von seinem Freund Matz. Das haben sie ja oft genug durchgespielt: Schweigen bei den Verhören, nur das Nötigste sagen! Sie sind nicht zum ersten Mal von der Stasi verhaftet.
Noch in der Nacht geht es los:

„Ich wurde die Treppe rauf und in ein Vernehmungszimmer geführt. Zur Begrüßung zeigt der Stasi-Vernehmer auf ein Bild an der Wand und fragte, ob ich wüsste, wer das sei. Ich sagte: ´Ist mir egal, weiß ich nicht.´ Dann hörte ich, das sei der Gründer der Tscheka, Feliks Dzierżyński. Und während mir noch durch den Kopf schoss, dass der ja als Gründer des sowjetischen Geheimdienstes der erste sozialistische Massenmörder war, sagte der Vernehmer: ´...Der hätte nicht so viel Federlesens mit euch gemacht. Der hätte euch gleich unten im Hof erschossen.´
So in dieser Art liefen die Verhöre an. Ich sollte berichten von meinem Jenaer Freundeskreis und meinen Aktivitäten in Halle...

Das ging die ganze Nacht so: Immer kurz runter in die Zelle, dann wieder hoch und ein neues, langes Verhör – den Blendkegel der Verhörlampe in meinem Gesicht. Und ständig lief ein Tonband. Angst hatte ich nicht, doch ich wurde allmählich von einer bleiernen Müdigkeit erfasst...
Als sie mich am Ende fragten, ob ich mir vorstellen könnte, auch woanders zu leben als in Jena...beispielsweise bei meinen Jenaer Freunden in West-Berlin, habe ich kurz und knapp gesagt: ´Wenn ich hier aus meiner Heimat rausfliege, dann will ich in Polen leben!´ Da sind ihnen die Gesichtszüge entgleist - tiefer in den Osten hat noch niemand gewollt....“

Am Vormittag teilen ihm die Stasi-Leute mit, er werde entlassen. Es ist Sonntag, der 12. April.
Und während Peter Rösch draußen im Hof in einem Polizeifahrzeug auf seinen Freund Matz wartet – es soll endlich zurück nach Jena gehen - wird drin im Stasi-Gebäude plötzlich theatralisch nach einem Arzt gebrüllt. Die Tür des Fahrzeugs knallt zu. Rösch hofft, sein Freund habe durch den Verhörstress keinen Kreislaufkollaps erlitten...
Beim Aussteigen in Jena händigen ihm die Polizisten einen karierten, mit Stempel und seinen wichtigsten Personalien versehenen Zettel aus:

„Das war nun mein ganzer Identitätsnachweis, nachdem sie meinen Personalausweis einfach einbehalten hatten. Ich war für die ein Mensch der allerletzten Klasse.
Völlig erschöpft habe ich mich noch zu einer Freundin geschleppt und sie gebeten: ´Der Matz ist noch im Knast. Guckt mal alle paar Stunden vorbei, ob er zuhause ist. Jemand muss sich um ihn kümmern – dem scheint´s nicht gut zu gehen.´ Ich dachte ja, er habe was mit dem Kreislauf...“

Zuhause fällt Peter Rösch in einen bleiernen Schlaf. Als er aufwacht, ist sein Freund noch immer nicht zurück.

Matthias Domaschk ist tot.

Umgekommen in der Stasi-Untersuchungshaftanstalt Gera... vermutlich am Mittag dieses 12.April 1981.

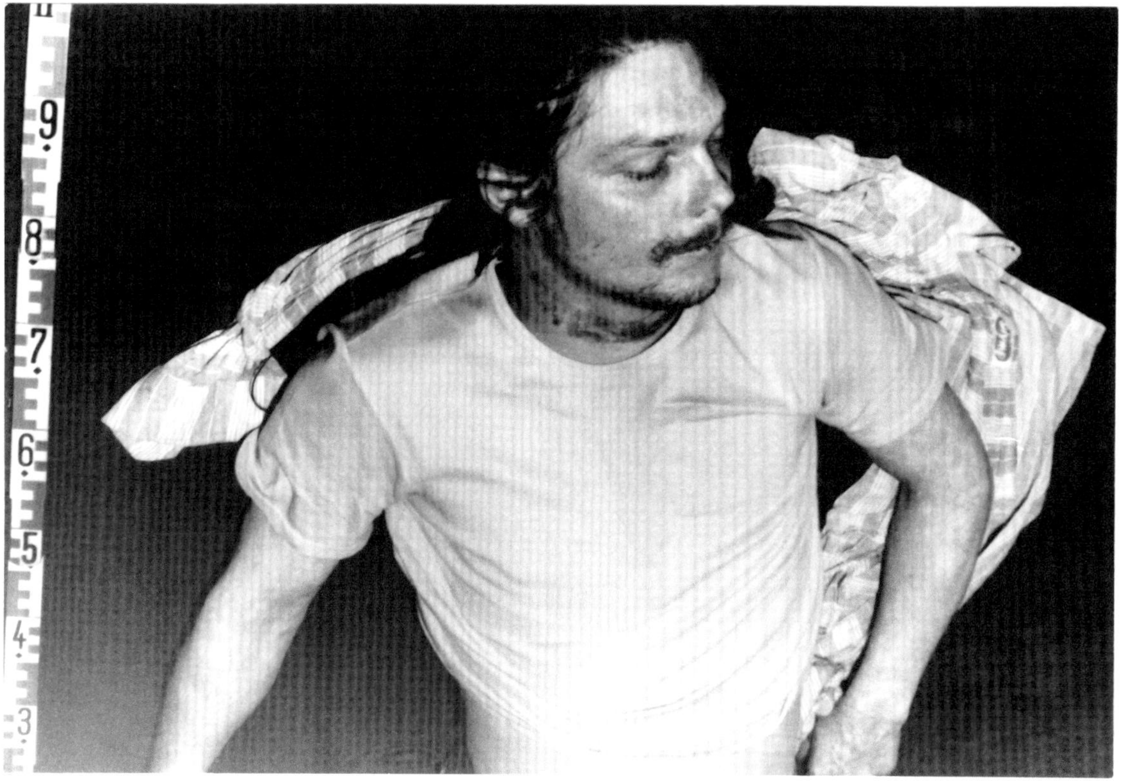

Bild 4: Nahaufnahme Brust-, Hals-,Kopfbereich der Leiche.

Bild 3: Übersichtsaufnahme von der Leiche des DOMASCHK, Mathias

Tot? Die Eltern erleiden einen Schock - ihr Sohn habe sich *´an einem Heizungsrohr erhängt´* , teilt ihnen die Staatssicherheit mit, *´kurz, bevor er entlassen werden sollte´ ...*
In Windeseile sickert die schwarze Nachricht zu Matthias´ Freunden durch...samt einzelner Informationsfetzen, die sich zu keinem glaubhaften Bild formen wollen:
Sich selbst aufgehängt, an seinem Hemd - ihr sanfter, dem Leben zugewandter Freund Matz? Niemals!
Dass Stasi-Leute ihn umgebracht und zur Täuschung anschließend aufgehängt haben, daran zweifelt niemand. Doch wie ist es passiert - war es ein Unfall ... sind einem der Vernehmer die Nerven durchgegangen... hat er vielleicht Matz einen Fausthieb versetzt und der ist mit dem Kopf gegen die Heizung geschlagen?
Die Freunde werden es nie erfahren. Denn die Staatssicherheit ist ein Geheimbund, bei dem wie bei der Mafia das Gesetz des Schweigens gilt... bei dem Aussteiger und Verräter ihres Lebens nicht mehr sicher sind. So haben sie es gelernt von ihrem großen Vorbild Feliks Dzierszynski. Und sie haben gelernt, Spuren zu verwischen, falsche Fährten zu legen.

links: MfS-Offizier Horst Henno Köhler, ein Vernehmer von Matthias Domaschk
rechts: MfS-Offizier Herbert Würbach, ein Vernehmer von Matthias Domaschk

Das weiß auch Peter Rösch. Ihr theatralisches Arzt-Gerufe empfindet er inzwischen als geradezu absurd. Was haben sie mit Matz gemacht? Er ist fertig mit der Welt. Peter Rösch kann derzeit nur schwer unter Menschen sein.
Auf der gesamten Jenaer Oppositionsszene lasten Fassungslosigkeit und eine hilflose Trauer... und beides schlägt immer wieder in Wut um!

Der Vater von Matthias aber verlangt Einsicht in das Verhörprotokoll – es wird ihm verweigert. Die Eltern werden darüber hinaus zum Schweigen verdonnert sowie zur Kontaktsperre mit den Freunden des toten Sohnes. Die Trauerfeier soll rasch und geräuschlos erfolgen, bereits vier Tage nach Matthias´ Tod; noch Ostermontag soll die Leiche dann eingeäschert werden! Der Vater wird von der Staatssicherheit zum Bestattungsinstitut begleitet.

Nur durch Zufall erfahren die Freunde vom Zeitpunkt der Trauerfeier – doch da haben sich diese Stasi-Verbrecher geschnitten: Sie werden da sein, so zahlreich wie möglich!
´Nach Bekanntwerden des Termins´, notiert die Staatssicherheit wenig später, *´verbreiteten diese negativ-dekadenten Personen durch mündliche und schriftliche Übermittlungen in ihrem Umgangskreis die Nachricht vom plötzlichen Tod des D. sowie dessen Bestattungstermin´...*

Obwohl nur wenige Stunden Zeit zur Information blieben, treffen an diesem Gründonnerstag 1981 mehr als einhundert Freunde in kleinen Gruppen auf dem Friedhofsgelände ein. Der Weg von der Kapelle zum Grab – er ist mehrere hundert Meter lang – wird vom Trauerzug schweigend passiert ... durch ein Spalier der Staatssicherheit. Es herrscht eine angespannte Atmosphäre, auf beiden Seiten. Am Friedhofseingang stehen drei Mannschaftswagen der Polizei bereit, auch in den Nebenstraßen sind Polizeilastwagen geparkt. Die Schüler einer angrenzenden Schule dürfen jetzt nicht zur Hofpause...

Die meisten der jungen Frauen weinen. Sie sollen sich keinesfalls provozieren lassen, hat Pfarrer Schilling soeben wieder eindringlich angemahnt. Doch als eine von ihnen das hämische Grinsen eines Bewachers nicht mehr ertragen kann, brüllt sie in die Stasi-Meute: *„Ihr sollt in unseren Tränen ersaufen!“*

Einem Menschen ist es an diesem Morgen nicht vergönnt, von Matthias Abschied zu nehmen – Peter Rösch. Zu genau dieser Stunde hat ihn die Staatssicherheit zum Verhör abgeholt.

Inschrift auf einem Baum am Grab

EINE ANNONCE IN DER ZEITUNG

Im Januar 1982 verfassen mehr als dreißig Akteure der *Jungen Gemeinde* Stadtmitte den *´Jenaer Appell´* – eine Resolution gegen die Stationierung von Mittelstreckenraketen in Ost und West. Anlass ist der nahende 37.Jahrestag der Bombardierung Jenas, und geplant ist, das Protestpapier in eine Unterschriftenaktion münden zu lassen. Die Zeit ist reif für ein stärkeres politisches Engagement: Angesteckt von der Friedensbewegung in Westeuropa wächst nun auch in der DDR eine Friedensbewegung heran – vorwiegend unter dem Dach der Kirche, doch keineswegs immer mit deren Segen. Selbstverständlich ist sie dem waffenstarrenden Staat ein Dorn im Auge. Die Friedensfreunde von Jena haben Pech: Während ein parallel dazu von Pfarrer Rainer Eppelmann und Robert Havemann verfasster *´Berliner Appell´* weit über die Grenzen Deutschlands hinaus Wahrnehmung findet, verwandelt die Thüringer Staatssicherheit den *´Jenaer Appell´* in einen Rohrkrepierer: Wie bereits 1976 verrät ein Spitzel den Plan – so folgen statt der Unterschriftenaktion Verhaftungen, Verhöre und scharfe polizeiliche Auflagen.

´Hat das hier alles überhaupt noch einen Sinn?´ fragen sich viele. Nach dem Tod von Matthias Domaschk war die Zahl der Ausreiseanträge bereits stark angeschwollen, jetzt greift erneut Resignation in der Jenaer „Szene“ um sich. Der Traum, dieser wie ein Bleigewicht lastenden Diktatur endlich zu entfliehen, gehört zu den häufigsten Träumen in der DDR... und zu den ansteckendsten.

Das Grab von Matthias Domaschk, 1981/82

Ein Jahr liegt der Tod ihres Freundes Matthias im April 1982 zurück, und noch immer wissen sie nicht, was da genau passiert ist in der Geraer Haftanstalt.
Einer läuft in diesem April 1982 zur Hochform auf – der exmatrikulierte Student und jetzige Transportarbeiter Roland Jahn. Fast scheint es, als habe er seine Kräfte gespart, um der Jenaer Opposition jetzt über aufkommende Hoffnungslosigkeit hinwegzuhelfen:

„Es wurde ja immer mal jemand festgenommen in Jena, aber der kam dann auch wieder raus: Ein kurzer Schock, dann ging das Leben weiter. Mit Matz´ Tod brach plötzlich eine andere Dimension herein. Diese Nachricht hatte eine existentielle Wucht – wir wussten nun, dass auch der Tod am Ende unserer Auseinandersetzung mit der Diktatur stehen konnte. Sein Tod war ganz nahe an jedem von uns dran. Sie hatten ihn zur Strecke gebracht – einen sanften jungen Mann, der einfach nur anders leben und nicht mitlügen wollte. Das hätte mit jedem von uns passieren können – jetzt ging es nicht mehr um Kleinigkeiten...
Zunächst hat auch mich sein Tod gelähmt. Etliche sagten: ´Lasst uns hier abhauen, das hat alles keinen Sinn mehr!´. Doch bei mir entstand plötzlich so eine Haltung: ´Jetzt erst recht! Diesen Tod nehmen wir nicht hin, der muss an die Öffentlichkeit!´ Matz´ Tod hat mich regelrecht radikalisiert.“

Kurz vor dem 1.Todestag von Matthias sitzen Roland Jahn und ein Freund in der Kneipe; sie überlegen, was man machen könnte, um Öffentlichkeit herzustellen:

„Flugblätter anfertigen? Da hätten sie dich gleich hochgezogen und du wärst selbst weg vom Fenster gewesen. Dann kam ich auf die Idee, die SED die Flugblätter drucken zu lassen... also eine Todesanzeige in die Zeitung zu setzen! Die erste haben wir direkt in die SED-Zeitung gesetzt, die zweite in die Jenaer Stadtzeitung. Das wurde erstaunlicherweise ohne Probleme gedruckt...es sah ja aus wie eine ganz normale Todesanzeige.
Als die erschienen war, fuhr ich mit meinem Fahrrad alle Jenaer Kioske ab – damals konnte man ja nicht solche Zeitungsmassen kaufen wie heute - und ich kaufte nun so viele Zeitungen zusammen, wie ich konnte... es durfte ja auch nicht besonders auffallen. Ich hatte eine Freundin, die war Briefträgerin bei der Post – und die besorgte mir noch ein paar Exemplare extra.

Roland Jahn, April 1982 (Observationsphoto der Staatssicherheit)

Diese Todesanzeigen habe ich dann aus den Zeitungen ausgeschnitten und sie in der Nacht zum 12.April in Jena an Lichtmasten geklebt und an andere gut sichtbare Stellen. Ich habe ganz bewusst nicht die direkten Nachtstunden ausgewählt, sondern die grauen Morgenstunden, in denen die Schichtarbeiter losgegangen sind. Ich besaß einen speziellen Heimwerker-Leim, der richtig gut klebte – die Stasi hat die Dinger tatsächlich nicht abgekriegt.
Parallel dazu habe ich Informationen nach West-Berlin durchgegeben – dort hat Tommy Auerbach die Sache dann weiterverbreitet und die West-Öffentlichkeit mobilisiert. Diese Kombination hatte eine enorme Wirkung: Die Geschichte lief über den RIAS, einen Westberliner Radiosender, in dem inzwischen Georg Gafron arbeitete - ein Freund aus Gera, der Matz Domaschk noch selbst kennengelernt hatte...

Hedwig Hermann
und ihre treuen Freunde

Jena, Würzburg, im April 1982
Die Trauerfeier findet am Montag, dem 19. April 1982, 10.00 Uhr auf dem Nordfriedhof in Jena statt.

Meine liebe Mutter, Schwiegermutter, Oma, Uroma und Tante

Helene Wachtelborn
geb. Karnischky
geb. 29. 9. 1894 gest. 12. 4. 1982

ist nach einem Leben der Fürsorge für ihre Familie sanft entschlafen.

In stiller Trauer
Ursula Fetz geb. Wachtelborn
und Angehörige

Jena, Würzburg, im April 1982
Die Trauerfeier findet am Montag, dem 19. April 1982, 11.00 Uhr auf dem Nordfriedhof in Jena statt.

Wir gedenken unseres Freundes

Matthias Domaschk

der im 24. Lebensjahr aus dem Leben gerissen wurde.

Seine Freunde

Jena, im April 1982

HO INDUSTRIEWAREN INFORMIERT!

Am Samstag, dem 17. April 1982, haben unsere Verkaufseinrichtungen in **KAHLA**
von 8.00 bis 11.00 Uhr
zusätzlich für Sie geöffnet.

- Herrenoberbekleidung, Oststraße
- Schuhe, Heimbürgerstraße
- Textilien, Breitscheidstraße
- Sportartikel, Saalstraße
- Kurzwaren, Margaretenstraße
- Drogerie, Jenaische Straße
- Kunstgewerbe, Bahnhofstraße
- Schreibwaren, Margaretenstraße

Von besonderem Interesse für Sie wird das Angebot im MAGNET-KAUFHAUS, Bachstraße, sein, wo Sie aus einer Vielfalt praktischer Haushaltsortimente und dem Angebot an Wohnkultur auswählen können.

Nutzen Sie diese Gelegenheit!

Wir wünschen guten Einkauf!

HO Industriewaren Jena

Annonce und Klebeaktion zum 1. Todestag von Matthias Domaschk

Natürlich ist die Sache rausgekommen – die Stasi informierte sich ja, wer die Todesannonce aufgegeben hat. Ich wurde also festgenommen. Ich wurde zum Verhör bei der Kriminalpolizei gebracht – dort wartete schon die Staatssicherheit, die arbeiteten ja alle Hand in Hand.
Ich hatte die ´Vernehmungsprotokolle´ von Jürgen Fuchs gelesen. Und ich wusste, dass alles, was du sagst, gegen dich verwandt wird... dass es also das Beste ist, bei den Verhören zu schweigen. Und das habe ich dann getan - geschwiegen, geschwiegen, geschwiegen...“

Gedenkplastik von Michael Blumhagen

Und noch eine weitere Aktion ist geplant: Am Ostersamstag 1982 stellen Roland Jahn, sein Freund Manfred Hildebrandt und der ebenfalls zur Oppositionsszene zählende Bildhauer Michael Blumhagen eine Sandsteinplastik auf dem evangelischen Johannisfriedhof auf: Blumhagens Skulptur zeigt eine vor einer Bedrohung Schutz suchende Gestalt. Und in den Sockel eingraviert sind der Name von Matthias Domaschk, sein Geburts- und sein Todesdatum...

Es dauert nur zwei Tage und die Herren von der Staatssicherheit kreuzen auf dem Johannisfriedhof auf. Kurz darauf wird die 200 kg schwere Skulptur abtransportiert. Womit sie nicht gerechnet haben: Im gegenüberliegenden Gebäude, einem katholischen Pflegeheim, hat sich Roland Jahn mit seinem Photoapparat verschanzt:

Die Plastik wird von der Stasi verladen...

„Ich lief am Nachmittag noch mal über den Friedhof, um zu gucken, wie die Figur wirkt im Gelände und ein paar Photos davon zu machen. Da sah ich plötzlich zwei Herren an der Plastik herumfuhrwerken. Ich bin schnell in das angrenzende Altersheim... hoch in den 1.Stock, und habe das photographiert! Ich habe festgehalten, wie die Stasi – in einer gemeinsamen Aktion mit ihren Genossen von der Stadtverwaltung - die Plastik klammheimlich abgetragen hat! Diese Photos tauchten dann im Westen im SPIEGEL auf – und da fühlte sich die Stasi extrem getroffen! Denn nun war ihre lächerliche Aktion ja über die Grenze gedrungen und hatte eine große Öffentlichkeit erreicht...“

... und klammheimlich vom Johannisfriedhof abtransportiert

Es sind die ausgebürgerten Jenaer Freunde, die für diese internationale Öffentlichkeit sorgen. Sie erzeugen im Westen eine kaum vorhandene Sensibilisierung für die Vorgänge in der DDR und machen Jena als Stadt politischer Opposition bekannt.

Am Bildhauer Blumhagen üben die Staatsorgane sofortige Rache – er wird kurzerhand zur Reserve-Übung bei der Armee eingezogen. Als er sich weigert, diesen Unrechtsstaat auch noch mit der Waffe zu verteidigen, bekommt er sechs Monate Haft aufgebrummt! Sein Haus, nicht weit von Jena gelegen und häufiger Treffpunkt der Dissidenten, wird als „baufällig" eingestuft und abgerissen...

Roland Jahn und Manfred Hildebrandt kommen ein wenig später dran. Am 1. Mai 1982 provoziert Jahn die Staatsorgane mit einem bemalten Gesicht und einer Haartracht, die rechts eine Hitler-Tolle zeigt und links eine Stalin-Frisur. Zudem kauft er sich für 8 Pfennige eine kleine weißrote Polen-Flagge und befestigt die an seinem Fahrrad – als Zeichen der Solidarität mit der polnischen Gewerkschaftsbewegung, deren Akteure inzwischen von der kommunistischen Regierung Polens verhaftet worden sind.

Mit diesem Fähnchen am Rad fährt er monatelang durch Jena.

Der Staatssicherheit reicht es – am 1.September 1982 wird Roland Jahn verhaftet und in die berüchtigte Untersuchungshaftanstalt Gera gebracht; kurze Zeit später trifft das gleiche Schicksal auch Manfred Hildebrandt.
Die Jenaer Opposition setzt daraufhin eine Reihe von Hilfs- und Solidaritätsmaßnahmen in Gang, unterstützt werden muss nun auch Petra Falkenberg, die Lebensgefährtin Roland Jahns, und deren gemeinsames Kind. Sie lassen sich nicht einschüchtern - nun erst recht nicht! Im Spätherbst werden mitten in der Stadt Jena Schweigeminuten abgehalten: Etwa achtzig junge Leute bilden einen weithin sichtbaren Kreis. Die Gesichter nach außen gewandt, tragen sie Schilder, auf denen *Frieden* steht. Zwei Minuten stehen sie so, schweigend. Einige Passanten reihen sich ein, viele bleiben stehen und suchen das Gespräch. Für den 24. Dezember sind die nächsten Schweigeminuten geplant.. Am Heiligabend werden die meisten der Friedensfreunde zwischen 6 Uhr und 18 Uhr von der Staatssicherheit aus dem Verkehr gezogen. Und damit nicht in letzter Minute doch noch Weihnachtsstimmung aufkommt, wird am 25. Dezember Manfred Hildebrandt zu 1 Jahr und 4 Monaten Gefängnis verurteilt. Roland Jahn lässt man erstmal weiter schmoren...

Einer verfolgt diese herbstliche Verhaftungswelle aus der Ferne mit: Peter Rösch. Für ihn ist das Jahr 1982 das Jahr des Abschieds von Jena und einer Gemeinschaft, die für ihn Familienersatz war und die er mitgeprägt hat wie kaum ein anderer, seit den 60-er Jahren schon. Peter Rösch ist ein Urgestein der Jenaer Opposition. Er hat die kirchliche *Junge Gemeinde* mitgegründet und als Anarchist die Verbindung zur „Szene" gehalten. Er hat den Wehrdienstverweigerern Halt gegeben und mit aufgebaut, was sich unter der Losung *Schwerter zu Pflugscharen* schon bald *Friedensgemeinschaft Jena* nennen wird. Ohne Rösch ist der Widerstand der 70-er Jahre in Jena nicht denkbar. Seine kugelige Gestalt war meist im Zentrum des Sturmes zu finden, beim solidarischen Geldsammeln, in Lesezirkeln. Bei ihm weinten andere sich aus. Und bewunderten ihn, als er als Feinmechaniker in seinem medizinischen Institut den ersten transportablen Inkubator für zu früh geborene Babys mitentwickelte...

Doch seit Matz´ Tod ist alles anders. Rösch ist aus seiner inneren Balance. Die Rundlichkeit des nun fast 30-Jährigen war ein Panzer, der seine hohe Sensibilität zu schützen vermochte, wenn die sozialistischen Genossen ihn zu „zersetzen" suchten, viele Jahre lang. Peter Rösch hat das ausgehalten... bis zum April letzten Jahres, bis zum Tod seines besten Freundes. Seitdem leidet er unter Depressionen. Er kann in keiner Kneipe Jenas sitzen, um keine Ecke biegen, ohne von Erinnerungen eingeholt zu werden. Auch hören die mysteriösen Umstände, unter denen Matz neben ihm in Stasi-Haft zu Tode gekommen ist, nicht auf, ihn zu quälen.
Er musste hier raus – weg von diesen biedermännischen Stasi-Fressen, die ihn zu jeder beliebigen Tag- und Nachtzeit abholen und schikanieren konnten ...
die ihm Jena vergiftet haben.
Er hat mit sich gerungen bis zum Schluss, und eigentlich zieht es ihn ja nach Polen. Doch dort kennt er niemand, und jetzt braucht er Menschen, die ihn auffangen. Peter Rösch folgt zu Pfingsten 1982 seinen bereits ausgebürgerten Freunden nach West-Berlin - Jürgen Fuchs, Doris Liebermann, Thomas Auerbach und Siegfried Reiprich, der mit seiner Frau Christine schon im Jahr zuvor ausgereist ist.
Aufatmend entsorgt ihn die Staatssicherheit Richtung Westen. Doch Rösch wird ihnen auch von dort aus zu schaffen machen.

Pfingsten 1982:
Peter Rösch in Ost-Berlin, unmittelbar vor seiner Ausreise

ZWANGSAUSGEBÜRGERT

Mitte Januar 1983 demonstrieren Staatssicherheit und Polizei in Jena erneut ihre Macht: Hausdurchsuchungen werden angeordnet, Haftbefehle erlassen, Oppositionelle nach Gera gebracht und dort verhört. Ende des Monats befinden sich nach einem Schnellverfahren dreizehn weitere Personen aus der Jenaer Oppositionsszene in der Untersuchungshaftanstalt der Staatssicherheit in Gera – unter ihnen der Maler Frank Rub und der Liedermacher Peter Kähler.

Und Roland Jahn, der bereits seit September 1982 hier einsitzt? In seinen Verhören ging es immer wieder um die Aktionen, mit denen er Öffentlichkeit über den Tod von Matthias Domaschk erzeugt hat:

„Nachdem ich eine Zeitlang nichts gesagt hatte, kam ich mit dem Satz: ´Sie werden schon noch reden!´ für vier Wochen in Einzelhaft. Sie ließen mich dort schmoren, holten mich nicht ein einziges Mal zum Verhör. Ich habe dann nach vier Wochen geklingelt und gesagt: ´Ich möchte gern zum Vernehmer.´ Und als ich dort ankam, hat der mich triumphierend angegrinst und gesagt: ´Sehen Sie, ich hab´s doch gesagt, Sie kommen von ganz alleine!´
Da habe ich ihn ruhig angeschaut und gesagt: ´Ich wollte Sie eigentlich bloß mal sehen. Das gibt mir wieder n´bisschen moralische Überlegenheit – das reicht für die nächsten vier Wochen!´ An dieser Pointe hatte ich ein paar Tage in meiner Zelle getüfftelt.
Auf diese Art habe ich mich über Wasser gehalten. Einmal sagte ich zum Vernehmer: ´Wenn Sie heute nach Hause kommen und bei Ihrer Frau im Bett liegen – können Sie da überhaupt noch zärtlich sein?´ Da hat er nur eine dumme Schnauze gezogen.
Ich habe in den Verhören auch Matz angesprochen. Ich war ja nun im gleichen Zellentrakt – also dort, wo er zu Tode gekommen ist. Ich habe provoziert und gesagt: ´Ich würde gern mal die Zelle sehen, wo es passiert ist.´ Das haben sie natürlich abgelehnt.
Es ging auch um meine Stalin/Hitler – Parodie. Ich hatte mir ja neben der geteilten Frisur einen Hitler/Stalin-Bart stehen lassen. Und den sollte ich nun endlich abnehmen! Ständig haben sie gedrängt: ´Der Bart kommt ab, der Bart kommt ab!´ Worauf ich gesagt habe: ´Ich kann aussehen, wie ich will!´.
Irgendwann reichte es ihnen: Sie sperrten mich in eine Dunkelzelle. Und dann rückten sie mit Rasierzeug an – das waren mindestens zehn Leute. Sie packten mich von hinten, am Körper, an den Beinen und am Hals - irgendwie verlor ich kurzzeitig das Bewusstsein, wahrscheinlich haben sie mir den Lufthahn abgedreht - sie hielten mich in der Zange. Als ich wieder zu mir kam, war der Bart komplett abrasiert. Und da war mein erster Gedanke: ´So könnte es mit Matz Domaschk gewesen sein!! Vielleicht haben sie einen Fehler gemacht, ihm zu lange die Luft abgedrückt, niemand weiß ja, was da genau passiert ist. Vielleicht ist da einer von denen ausgerastet...
Dieser Gedanke ´So könnte es gewesen sein!´ führte mir die Dimension vor Augen, um die es ging: Sie konnten ja mit uns machen, was sie wollten – wir waren ihnen völlig ausgeliefert! Und sie waren auch bereit, Gewalt anzuwenden, um ihre Ziele zu erreichen. Normalerweise haben sie dich ja mit Psycho-Terror fertig gemacht. Aber im Zweifelsfall wurde eben auch körperliche Gewalt angewandt...

MfS-Untersuchungshaftanstalt in Gera

Später habe ich diese Gewalt noch einmal zu spüren bekommen: Als sie mir ein ´Geruchstuch´ in die Hose gesteckt haben – diese Lappen mit deinem Geruch, welche die Spürhunde kriegen, wenn sie dich irgendwo aufspüren wollen. Das Tuch sollte ich mir zunächst allein vorn in die Hose stecken, dort, wo die Sackhaare sind, das sei ´ermittlungstechnisch notwendig´! Da habe ich gesagt: ´Das fällt aus, das mache ich nicht!´ Daraufhin haben sie spezielle Handschuhe angezogen, haben mich gepackt und es selbst getan. Das kam dann als ´Geruchsprobe´ in ein Glas rein, das fest verschlossen wurde...“

Am 17.Januar 1983 wird Roland Jahn zu 22 Monaten Haft verurteilt, wegen „Öffentlicher Herabwürdigung“ und „Missbrauch von staatlichen Symbolen“. Wie in ähnlichen Fällen findet der Prozess unter Ausschluss der Öffentlichkeit statt – der Saal sei „überfüllt“, lässt man die Angehörigen wissen.

Der Protest gegen diese neuerliche Verhaftungswelle ist vor allem im Westen gewaltig. Die bereits ausgebürgerten Jenaer trommeln und erzeugen internationalen Druck – unter ihnen Jürgen Fuchs, Thomas Auerbach, Peter Rösch, Doris Liebermann, Siegfried Reiprich und nun auch der Bildhauer Michael Blumhagen, der vom Gefängnis direkt in den Westen abgeschoben wurde. Teile der westdeutschen Friedensbewegung - allen voran ihre Gallionsfigur Petra Kelly - machen sich für die Freunde im Osten stark. Renate Groß, die seit ihrer Heirat Renate Ellmenreich heißt, schaltet von Frankfurt/Main aus *Amnesty International* ein. Beim Staatsratsvorsitzenden der DDR, Erich Honecker, laufen Proteste und Forderungen nach einer Freilassung der inhaftierten Jenaer ein.

Die sozialistischen Machthaber in der DDR fürchten um ihr internationales Renommee... die Genossen der Staatssicherheit fürchten einen erneuten Wirbel um den Fall Matthias Domaschk.

Und so meldet am 1.3.1983 die bundesdeutsche FAZ:

Überraschende Haftentlassungen

In der Auseinandersetzung mit den durch eigenwillige Friedensinitiativen hervorgetretenen jungen Leuten in Jena haben die Behörden der thüringischen Universitätsstadt – offenkundig auf Weisung aus Ost-Berlin – jetzt ihre Haltung geändert. Im Verlauf der vergangenen Woche sollen alle Inhaftierten aus der „Jenaer Szene“ – mit Ausnahme der wegen Wehrdienstverweigerung Verurteilten – freigelassen worden sein. Unter den Freigelassenen befinden sich der Transportarbeiter Jahn und der Photograph Hildebrandt...

Roland Jahn und seine Freunde mit selbstgefertigten Losungen

Die Friedensgemeinschaft Jena auf dem Weg zur offiziellen Kundgebung

Das ist ein Sieg!

Neuer Schwung kommt in die ´Szene´: Am 18. März 1983 findet die alljährliche offizielle Kundgebung für die Opfer des alliierten Bombenangriffs von 1945 statt. Die soeben gegründete *Friedensgemeinschaft Jena* – ein Zusammenschluss aus Arbeitern, Künstlern, Schriftstellern und Jugendlichen der noch immer aktiven *Offenen Arbeit* - entscheidet sich, mit eigenen Plakaten daran teilzunehmen: Losungen wie *Schwerter zu Pflugscharen, Frieden schaffen ohne Waffen* oder *Verzichtet auf Gewalt!* werden auf Bettlaken und Pappschilder gemalt. Schon wieder ganz vorn mit dabei ist Roland Jahn.

Jenaer Markt, Herren in Zivil kreisen die Oppositionellen ein

Das Konzept der Staatsorgane für den 18. März: Die „Störer“ so unauffällig wie möglich ausschalten! Also mischen sich Stasi-Leute in Zivil in die Andachtsmenge – von den Friedensfreunden bereits früh erkannt an ihren brutalen Gesichtern und den ordentlichen Anoraks. Auf dem Marktplatz kreisen sie „den Gegner“ plötzlich ein, reißen die pazifistischen Plakate zu Boden und zerstören sie. Ein Augenzeuge beschreibt den Tumult:
„Rücksichtslos, unter Bedrohungen und Beschimpfungen, wurden die jungen Leute abgedrängt. Kinder wurden umgestoßen, sie weinten und schrien nach ihren Eltern. Mitbürger waren erschüttert über diese Gewaltanwendung...“
Abgedrängt wird die *Friedensgemeinschaft Jena* auch am Tag darauf, als sie während der offiziellen Kranzniederlegung ein eigenes Gebinde mit dem Symbol *Schwerter zu Pflugscharen* und der Aufschrift *In ehrendem Gedenken – die Friedensgemeinschaft Jena* niederlegen. Die Schleifen werden sofort abgerissen, der Kranz so zügig entsorgt wie im Jahr zuvor schon Blumhagens Skulptur.

Die „feinlich-negative Szene“, wie sie im Stasi-Jargon heißt, ist wieder enger zusammengerückt - sie muss endgültig zersetzt werden! Es folgen blitzartige Ausbürgerungen, manchem bleibt kaum die Zeit für einen Abschied. Roland Jahn wird in die Jenaer Stadtverwaltung bestellt, dort drückt man dem 29-Jährigen die „Urkunde zur Entlassung aus der Staatsbürgerschaft der DDR“ in die Hand:

„Als ich mich weigerte zu unterschreiben, packten mich zwei Stasi-Leute. Sie fuhren mich von Jena nach Probstzella an die innerdeutsche Grenze. Dort saß ich dann die halbe Nacht in einer kleinen Zelle. Als morgens um 3 Uhr der D-Zug 301 aus West-Berlin zur Weiterfahrt Richtung Westdeutschland einrollte, schleiften mich zwei Stasi-Leute zum letzten Waggon. Dort wurde ich mit Gewalt und mit Knebelketten an den Handgelenken auf die hintere Plattform verfrachtet. Ich konnte nicht schreien, weil mir einer die Luft abdrückte. Zwei stiegen mit ein – sämtliche Türen zu den Schlafwagen und zur Toilette waren abgeschlossen. Als das Zeichen zur Abfahrt kam, sprangen die beiden Männer raus, knallten die Tür zu und sperrten von außen ab.
Die nächste Station lag bereits im Westen, das war Ludwigsstadt! Sie hatten mich abtransportiert wie ein Stück Frachtgut...“

Roland Jahns Transparent wird zerstört

WIEDERSEHEN IN JENA

Sechs Jahre werden nach dem Rausschmiss von Roland Jahn aus der DDR noch vergehen, bis die Mauer fällt. Doch wann und wie das deutsch-deutsche Dilemma endet, ahnt zu diesem Zeitpunkt noch niemand.
Für die in Jena Zurückgebliebenen wird es nicht leichter: Der Staatssicherheitsdienst verfügt mittlerweile über ein Heer von 90 000 hauptamtlichen und 176 000 inoffiziellen, als Spitzel wirkenden Mitarbeitern (IM)... und ein Teil davon verrichtet sein Werk in Thüringen. Fanatisch bekämpft wird jeder Aufbruchsversuch in Richtung Demokratie, jede Form von Selbstbestimmung. Doch das Durchdringen und Zersetzen gelingt effektiver als noch vor zwanzig Jahren: Von der Zentrale in Ost-Berlin aus spannt sich ein Netz von Hauptabteilungen, Abteilungen, Referaten und Unterabteilungen über die gesamte DDR, von Bezirksverwaltungen und Kreisdienststellen. Mitarbeiter liegen im Gebüsch, um Jugendliche photographisch „dingfest" zu machen, die es zu kirchlichen Blues-Messen zieht. Punker werden als „asozial" ins Visier genommen, Umweltschützer als „feindlich-negativ".

Blues-Messe in einer Ost-Berliner Kirche

Doch auch der Widerstand ebbt nicht ab: So malt ein junger Dissident 1985 in der Nacht vor einer dieser DDR-Wahlen, bei denen man eines genau nicht darf – wählen - an eine Jenaer Hauswand: *Wer die Wahl hat, hat die Qual – wer nicht wählt, wird gequält!...*
Sie haben es schwer in der Opposition, und noch immer lastet der Tod von Matthias Domaschk auf der thüringischen Universitätsstadt. Auch sonst legt sich ab und an eine düstere Stimmung auf die ausgedünnte Jenaer „Szene".
Andererseits spüren sie: Sie sind längst nicht mehr allein – im ganzen Land ist Bewegung in die Opposition gekommen! Friedensgruppen vernetzen sich mit zunehmendem Einfallsreichtum... und die Jenaer sind mittendrin. Noch immer gibt es die *Offene Arbeit* als Anlaufpunkt und Sammelbecken für gesellschaftliche und soziale Außenseiter. Und erstmals bilden sich Gruppen, die ihr Bürgerrecht auf Ausreise aus der DDR fordern.

Tatsächlich, es wird bunter in der DDR... wenn auch nur in der Oppositionsbewegung: Umwelt-Schützer gibt es in den späten 80-er Jahren und Frauenrechtlerinnen, bekennende Schwule und Lesben. Punker sieht man durch diverses Kirchengelände flanieren – und längst hat die Friedensbewegung auch die jüngere Generation erreicht.

Und die im Westen lebenden Jenaer?
Das Heimweh wird schon bald überlagert von beruflichen Herausforderungen, von neuen Begegnungen und der Faszination einer Welt, die sie nun ungehindert betreten und bereisen dürfen. Doris Liebermann arbeitet als Slavistin und Historikerin für osteuropäische Geschichte, Roland Jahn als freier Journalist.
Peter Rösch - inzwischen Restaurator im Deutschen Technikmuseum Berlin – arbeitet im Delegiertenrat der *Alternativen Liste* mit. Und er bereitet gemeinsam mit Roland Jahn und Jürgen Fuchs die erste Reise der Bundestagsfraktion der GRÜNEN zu Erich Honecker mit vor: Dabei stellen sie eine Liste von über 100 politischen Gefangenen der DDR zusammen, die dem Staatsratsvorsitzenden mit der Forderung nach einer sofortigen Freilassung der Inhaftierten überreicht wird. Peter Rösch reist zudem durch die Niederlande und Westdeutschland, um über die Opposition in der DDR zu berichten.

Doris Liebermann in den 80-er Jahren

Peter Rösch und Roland Jahn in Mutlangen, 1983

Politisch engagiert bleiben alle: Roland Jahn und Jürgen Fuchs werden zu den wichtigsten Unterstützern der DDR-Opposition. Sie besorgen Vervielfältigungsgeräte – so etwas besitzen bis dahin nur Partei und Staatssicherheit. Sie besorgen Videokameras und Computer, verbotene Bücher und Zeitungen.
Mit Peter Rösch nimmt Jahn an Demonstrationen und Blockaden der westlichen Friedensbewegung teil. Und er reist im April 1985 über den Ost-Berliner Transitflughafen Schönefeld in die DDR ein - illegal und unbemerkt. Mit einem Freund fährt er nachts nach Jena, um das Grab von Matthias Domaschk zu besuchen.

Auch Renate Ellmenreichs Gedanken kreisen oft um Matz. Sie ist noch immer Pfarrerin in Frankfurt/Main, neben Tochter Julia hat sie noch einen Sohn zur Welt gebracht. Renate leidet darunter, Matthias´ Grab nicht besuchen zu dürfen, und sie wendet sich an den Evangelischen Landesbischof von Thüringen mit der Bitte, im Namen des einzigen Kindes von Matthias Domaschk mitzuhelfen, die Umstände seines Todes aufzuklären:

Renate Ellmenreich, 80-er Jahre

„Der Tod von Matthias Domaschk", schreibt sie, *„hat mein Leben verändert. Schuldgefühle belasten mein Gewissen und ich werde mit der Trauer nicht fertig. Bei den vielen Beerdigungen, die ich zu halten habe, versuche ich immer, auch für mich selbst zu hören, was ich predige..."*

Dass die Ausgebürgerten versuchen, eng im Kontakt mit ihren eingeschlossenen Freunden zu bleiben und deren Arbeit zu unterstützen, hält die Staatssicherheit weiter in Atem.
Auch, wenn die Ex-Jenaer sich außerhalb der DDR-Grenzen in Sicherheit wähnen - man hat sie fest im Blick.

Stasi- Leute versuchen – zum Beispiel bei Jürgen Fuchs - Verkehrsunfälle herbeizuführen. Sie hören Telephone ab und streuen mit Hilfe ihrer West-Spitzel die übelsten Gerüchte. Sie dringen... so bei Fuchs, Jahn und Reiprich... in Wohnungen ein und hinterlassen sichtbare, warnende Spuren. Gegen Roland Jahn erlässt das DDR-Justizwesen – obwohl Jahn in West-Berlin lebt – 1987 einen Haftbefehl wegen „landesverräterischer Nachrichtenübermittlung".

Doris Liebermann hat lange versucht, den Kontakt zur Jenaer Opposition über Treffen in Polen und der Tschechoslowakei aufrecht zu erhalten. Doch plötzlich wird ihr von der Tschechoslowakischen Militärmission in West-Berlin mitgeteilt, sie dürfe von nun an in die Tschechoslowakei nicht mehr einreisen!
Formen der Schikane gegenüber Ausgebürgerten gibt es zahlreich, wie Doris Liebermann sich erinnert:
„Ich hatte nicht damit gerechnet, dass wir von den DDR-Behörden ewig Einreiseverbot bekommen würden. Ich dachte, nach einer gewissen Zeit könnten wir wieder einreisen, uns mit unseren alten Freunden treffen, uns austauschen, sie unterstützen. Pustekuchen. Die Stasi-Akten zeigten später, dass wir bis zum Jahr 2000 Einreisesperre hatten – dass die Mauer bald fallen würde, wusste ja niemand. Einmal hatte ich eine Sondererlaubnis: 1985 starb mein Vater, und ich durfte 48 Stunden hinein, zur Beerdigung meines Vaters. Das war ein Alptraum: Am Grab des Vaters zu stehen, Verwandte zu begrüßen... und sich gleich wieder verabschieden zu müssen."

Siegfried Reiprich will kein Berufsdissident werden, ihn zieht es in die Wissenschaft. Er bricht mit seiner Frau nach Kiel auf, um dort Geophysik und Ozeanographie zu studieren. Dann stürzt er sich ins Abenteuer:

Roland Jahn während seiner illegalen Einreise in die DDR, April 1985

Siegfried Reiprich auf Arbeit in der Antarktis

„Von Dezember 1986 bis zum März 1988 arbeitete ich auf einer Forschungsstation in der Antarktis. Ich war der erste Thüringer dort. Was ich da am Pol mache, dafür interessierte sich die Stasi brennend, wie ich später meinen Observationsakten entnehmen konnte. Alle Nachrichten zu unseren Verwandten in Jena – die liefen über einen Funk in Bremerhaven – wurden eifrig von ihnen notiert.
Übrigens: Meine Frau bekam in der Zeit meiner Forschungsreise in Kiel öfter obszöne und sadistische Anrufe, von anonymen Männerstimmen. Jürgen Fuchs, der in West-Berlin über Jahre mit Telefon - Terror überzogen wurde, meinte: ´Das ist ihr Werk!` ...“

Im Herbst 1989 vereinen sich die Bürgerrechtsbewegungen, die kirchlichen und nichtkirchlichen Gruppen sowie unzählige mutige Einzelkämpfer zu einem historischen Demonstrationszug, der bald ganz Osteuropa umfasst. Auch die Jenaer Opposition reiht sich in den großen Malstrom Richtung Demokratie ein. Und kurz darauf fällt in Deutschland die Mauer.

Der Umbruch ist ein gewaltiger. Die Zentralen der Staatssicherheit werden gestürmt, und als eine der ersten Anklagen an ihren Mauern kann man lesen: *IHR HABT MATTHIAS DOMASCHK ERMORDET!*
Roland Jahn filmt mit einem „KONTRASTE“-Team, wie die Stasi nachts Aktenberge aus den Stätten ihres Wirkens schleust...

Die Grenze ist offen. Doch das Wiedersehen der Freunde aus Ost und West in Jena ist kein lautstarkes - es ist eines voller Staunen und auch voll von Beklemmung. Nicht abschütteln lässt sich, worunter sie viele Jahre gelitten haben.
Doris Liebermann trifft im Februar 1990 in Jena bei ihren Theologen-Freunden ein, an der Hand ihren drei Jahre alten Sohn. Die Stadt Jena nimmt ihr die Luft; trotz Wiedersehensfreude werden Erinnerungen an schlimme Zeiten wach.
Peter Rösch ergeht es ähnlich: Jena wirkt wie tot auf ihn, als er es zum ersten Mal wieder betritt. Nein, er hat nicht das Gefühl, nach Hause zu kommen. Leute erkennen ihn wieder; auf dem Markt spricht ihn eine Frau an – er sei doch der Widerstandskämpfer, sie erinnere sich. Und ob er nicht mal mit zu ihrem Sohn kommen wolle, der würde sich freuen...

Siegfried Reiprich hat zunächst Einreiseverbot. Dann, im Dezember 1989, erhält er ein offizielles Schreiben vom Außenministerium der DDR. Auf dem steht ein einziger Satz: „Die Maßnahmen sind jetzt aufgehoben.“ Welche, wird nicht erläutert. Doch immerhin darf er nun zu Weihnachten seine Familie in Jena besuchen... Auch er ist entsetzt, wie grau und heruntergekommen seine Heimatstadt ist. Braunkohlegestank liegt über dem Saaletal – so, wie vor acht Jahren, als er ausgereist ist.

Öffnung des Brandenburger Tores, Dezember 1989

Mauerreste auf dem ehemaligen Truppenübungsplatz Güterfelde

IN DER DEMOKRATIE

Nach Öffnung der Mauer machen sich die soeben noch Eingeschlossenen in den unbekannten Teil des Landes auf, taumeln sie aufgeregt hinaus in die Welt – es gibt nun viel zu entdecken.
Renate Ellmenreich besteigt den Zug in die umgekehrte Richtung:
„Am 6. Januar 1990 traf ich in Gera ein. Da habe ich zum ersten Mal versucht, an Ort und Stelle was zu unternehmen, um den Tod von Matthias Domaschk aufzuklären. Das ist zu dieser frühen Zeit jedoch nicht möglich gewesen, da saßen ja überall noch die juristischen Stützen des DDR-Regimes...“

Bereits im Oktober 1990 erstattet sie Anzeige gegen Unbekannt.
Sie will deutlich machen: Matthias Domaschk würde noch leben, wäre er nicht von der Staatssicherheit verhaftet worden!

Peter Rösch bekommt in der Nachwendezeit plötzlich eine Vorladung von einer Staatsanwältin aus Gera – er solle zu einer Vernehmung kommen, es ginge um Matthias Domaschk:
„Da habe ich lange überlegt, ob ich hinfahre oder nicht. Weil ich kein Vertrauen hatte zu den alten Staatsanwälten der DDR. Doch irgendwie habe ich mir gesagt: ´Du musst was tun, damit die Wahrheit vom Tod deines Freundes ans Licht kommt!´ Also habe ich mich durchgerungen und bin hingefahren. Die Staatsanwältin hat dann gesagt, ich solle das Gespräch bzw. die Vernehmung als Wiedergutmachung sehen... Zum Glück bin ich ihr nicht auf den Leim gegangen. Es hat sich nämlich herausgestellt, dass sie zu DDR-Zeiten viele Unschuldige ins Gefängnis gebracht hat. Die ist dann auch bald abgesetzt worden...“

Als 1992 eine Behörde ihre Türen öffnet, in der endlose Kilometer Stasi-Akten aufbewahrt und jetzt zum Teil auch einsehbar gemacht werden, brechen für die Jenaer Dissidenten wieder schmerzhafte Zeiten an:

Jenaer Tagung zur Friedensgemeinschaft Jena, 1997, Podiumsgäste v.l. Walter Schilling, Thomas Auerbach, Renate Ellmenreich u. Mitveranstalter

Peter Rösch muss nun lesen, dass sein eigener Bruder ihn bespitzelt hat, dass er Inoffizieller Mitarbeiter der Staatssicherheit war. Bei allen werden Kollegen und enge Freunde enttarnt, die sich in ihr Vertrauen geschlichen haben...
Doch wo sind die Tonbänder der Stasi-Vernehmer von 1981? Sie liefen ja bei Peter Röschs Verhören mit und auch bei denen von Matthias Domaschk - es liefen ja prinzipiell bei allen Stasi–Verhören Tonbänder mit! Diese Tonbänder sind spurlos verschwunden. Und es sind alle Spuren verwischt, welche die Wahrheit über den Tod von Matthias Domaschk ans Licht bringen könnten. Was der demokratischen Öffentlichkeit an Stasi-Unterlagen hinterlassen wurde, weist immerhin eine Vielzahl von Ungereimtheiten und Widersprüchen auf...

Renate Ellmenreich will Licht in dieses ganze verfilzte Stasi-Netzwerk bringen! Sie unterbricht ihre Arbeit als hessische Pastorin und zieht mit ihrem Mann und den beiden Kindern für ein paar Jahre nach Gera, wo inzwischen eine Außenstelle der Stasiakten-Behörde eingerichtet wurde. Julia, ihre gemeinsame Tochter mit Matz, lernt nun als 15-Jährige ein Gymnasium in Gera kennen.

Ein Jahrzehnt aufreibenden juristischen Ringens um Aufklärung beginnt, eine Zeit von Klagen und Berufungen, der verweigerten Einsicht in Ermittlungsakten, von Verfahrenseinstellungen und Dienstaufsichtsbeschwerden...
Es ist eine zutiefst frustrierende Erfahrung, die Matthias Domaschks Freunde nun machen und die sie im vereinten Deutschland mit fast allen Verfolgten der DDR-Diktatur teilen:

Die Erfahrung, dass die Täter auch in der Demokratie schonend und oft genug bevorzugt behandelt werden... dass es den meisten bundesdeutschen Juristen, die ja nie eine Diktatur kennenlernen mussten, an Rückgrad fehlt. Sind nicht auch nach 1945 die Täter schon durchgewinkt worden?
Beeindruckt verfolgen sie, wie der spanische Untersuchungsrichter Báltasar Garzón die Europa-Tour von Ex-Diktator Pinochet als ´unbescholtener Rentner´ couragiert beendet... Im deutschen Justizwesen halten sie vergeblich nach einer solchen Lichtgestalt Ausschau.

Zorn und Entsetzen steigen ins Extreme durch eine Reihe von Todesfällen in ihrem Freundeskreis:
Der Jenaer Jürgen Fuchs - inzwischen als freier Autor und Kinderpsychologe in West-Berlin lebend und vor 1989 eine der wichtigsten Bezugspersonen für die nachwachsende DDR-Opposition - erkrankt plötzlich an einer seltenen Art von Blutkrebs... Jürgen Fuchs stirbt 1999, mit nur 48 Jahren!

Und nicht nur er - auch andere bekannte DDR-Oppositionelle sterben plötzlich an Krebs: Der Systemkritiker Rudolf Bahro, der Liedermacher Gerulf Pannach... Sie alle befanden sich in den 70-er Jahren in Staatssicherheitshaft! Was hat man mit ihnen gemacht - sind sie in Stasi-Haft radioaktiv verstrahlt...sind sie verseucht worden?
Auch in diesen Fällen sind mit dem Mauerfall alle Spuren und Fingerzeige verwischt. Es gibt lediglich beunruhigende Indizien.

MfS-HA XX/70/989 Bild 1

Jürgen Fuchs, Christian Kunert und Gerulf Pannach 1977 in West-Berlin

Im Jahr 2000 kommt es endlich zu einem von Renate Ellmenreich, Peter Rösch, Roland Jahn und ihren Freunden angestrengten Prozess.

Doch er nimmt einen beschämenden Ausgang: Die Ex- Stasi-Offiziere der Haftanstalt Gera, inzwischen bevorzugt als Immobilienmakler und Unternehmer tätig, präsentieren sich als Biedermänner. Nur selten spiegelt sich auf ihren Gesichtern Hohn: Was kann man ihnen denn nachweisen?
Am Ende werden sie lediglich wegen Freiheitsberaubung verurteilt...zu minimalen Geldstrafen - nicht aber wegen Freiheitsberaubung mit Todesfolge.
Publizistisch sind die Freunde von Matthias erfolgreicher. Immer wieder gelingt es ihnen, mit Zeitungsartikeln, Symposien oder Fernsehbeiträgen Öffentlichkeit herzustellen: 1993 fertigt Roland Jahn einen *KONTRASTE* –Beitrag über Matthias Domaschk an; er wird in der ARD ausgestrahlt - zur besten abendlichen Sendezeit. Jahn hat einen der verantwortlichen Stasi-Offiziere aufgespürt und führt ihn vor in seinen skrupellosen Lügen, im trainierten Verdrehen der Wahrheit.
Sie dürfen nicht nachlassen, müssen weitermachen...weiter forschen und aufklären - denn sie ist ja noch da, diese riesige, für den Bürger nicht sichtbare Krake, die ihre Saugnäpfe einst in alle Ritzen der DDR-Gesellschaft schob!

Jena-Neulobeda mit Matthias-Domaschk- Straße - 1996 eingeweiht

1996, zum 15.Todestag von Matthias Domaschk, organisiert die Geschichtswerkstatt Jena eine Gedenkveranstaltung. Ein langer Zug von Freunden, ehemaligen Häftlingen und Vertretern der Stadt Jena begleiten Matthias´ Tochter Julia und Renate Ellmenreich zum Nordfriedhof, legen Blumen und Kränze am Grab nieder. Walter Schilling, der Pfarrer aus dem thüringischen Braunsdorf, der für Matthias manches Mal der Seelsorger in Notsituationen war, liest ein Gedicht von Erich Fried, später spricht auch der Dekan der Theologischen Fakultät der Schiller-Universität Jena.
Während der Einweihung auf einer Straße in Jena-Neulobeda, die von nun an den Namen *Matthias Domaschk* tragen wird, liest Jürgen Fuchs... bereits an Blutkrebs erkrankt... seine für Julia und Renate geschriebene Stasi - Ballade *Sie machen Tempo, Matthias.*

Ja, es ist gut für sie alle, zusammen zu sein und Matz in ihrer Mitte zu spüren.

Peter Rösch und Julia, die Tochter von Matthias Domaschk, im Jahr 2000 am Grab des Vaters

Und irgendwann gibt es einen Moment, in dem Julia Peter Rösch bittet: *„Kannst Du mir meinen Vater beschreiben? Was war er für ein Mensch? Ich war ja damals noch klein, habe kaum eine Erinnerung an ihn...“*

Ihr Vater sei ein sanfter und kreativer junger Mann gewesen, antwortet Peter Rösch, ein Viel-Leser, der auf jeden Fall noch studieren wollte. Und ein richtig guter Freund.

2003 beschließt der Stadtrat von Jena, den schützenswerten Grabstätten der Stadt das Grab von Matthias Domaschk hinzuzufügen – für sein starkes Engagement im Zusammenhang mit der Biermann-Ausbürgerung, seine Beteiligung an der oppositionellen Friedensbewegung und die ungeklärten Umstände seines Todes in der Untersuchungshaftanstalt des Ministeriums für Staatssicherheit in Gera.

Die vertriebenen Jenaer Dissidenten kehren inzwischen gern ins Saaletal zurück... in jene Stadt, an die sie wohl nie mehr ohne Emotionen denken werden. Immer neu sind sie überrascht: Ihre Stadt - die sie zu DDR-Zeiten ja nur im zerbröckelnden Einheitsgrau kannten - ist wirklich schön geworden. Unendlich viel gibt es in ihrem historischen Kern zu entdecken, neues und altes, das sie im grauen Damals nie wahrgenommen haben. Die Friedrich-Schiller-Universität wird 2008 ihr 450-jähriges Bestehen feiern - und kein Student wird hier mehr exmatrikuliert, weil man ihn bei einem demokratischen Geist und einem glaubwürdigen Charakter ertappt.

Doch das ist nur die eine Seite. Die andere: Sie selbst haben mitgeholfen, der Stadt ihre Würde zurückzugeben. Gemeinsam mit ihren in Jena zurück gebliebenen Freunden und gemeinsam mit mehr und mehr Stadtverantwortlichen halten sie die Erinnerung an Jenas oppositionelle Vergangenheit wach - in einem Diskurs, den sie nach dem Mauerfall erst einmal erzwingen mussten... in Hilflosigkeit und ein abwehrendes Schweigen hinein.

---- ENDE ---

Matthias Domaschk auf einem Spaziergang in die Umgebung Jenas, 1975

Weitere Literaturhinweise unter: www.jugendopposition.de

BILDNACHWEIS

Archiv ASTAK: S. 9/15/16/17/23/32/33/55/58/89/92/93/96/97/100

Archiv BstU: S. 29/86/119/120(o.)/123/139

Carl Zeiss-Archiv Jena: S. 19

Gedenkstätte Amthordurchgang: S. 71/72/76/117/129

Institut des Nationalen Gedenkens, Außenstelle Danzig: S.111 (l.u.r.)

Robert-Havemann-Gesellschaft (Verwendet wurden Photos von Bernd Albrecht, Wolfgang Diete, Frank Ebert, Kerstin Hergert, Gerold Hildebrand, Manfred Hildebrandt, Roland Jahn, Hans-Helmut Kurz, Ekkehart Reinsch, Rüdiger Rosenthal und Rainer Wolf): S. 4/6 (r.u.)/7 (r.)/ 12/20(r.)/25/28/31/38/39/40/41/43/44/45(l.)/49/51/57/59/60/62/68/69/73/75/78/79/82/83/84/85/91/94/95/98/99 102/105/107/108/110/113/120 (u.)/121/122/124/125/126/127/132/133(l.)/134/138/140/141

Stadtarchiv Jena: S. 24/46/61/101

Thüringer Archiv für Zeitgeschichte: S. 6 (l.)/21/26/27/50/53/56/65/116/130/131

Zeitgeschichtliches Forum Leipzig: S. 67

Photos aus Privatbesitz: Thomas Auerbach: S.7(l.)/20(l.)/48/64, Thomas Grund: S.18/103, Johanna Guschlbauer: S.87, Harald Hauswald: S.136, Roland Jahn: S. 13/30/42, Doris Liebermann: S.77/109/133(r.), Mike Minehan: S.137, Jürgen Rauhut: S.11, Siegfried Reiprich: S. 6(r.o.)/12 (l.)/34/35/45(r.)/81/106/112/135

In wenigen Fällen konnten die Rechteinhaber trotz sorgfältiger Nachforschungen nicht ermittelt werden. Sollten weitere Ansprüche geltend gemacht werden, bitten wir die Rechteinhaber, sich an den Polymathes Verlag zu wenden.